生活因阅读而精彩

自己就是品牌®

销售的第一堂课

魏子 著

中国华侨出版社

图书在版编目(CIP)数据

自己就是品牌：销售的第一堂课 / 魏子著.—北京：
中国华侨出版社,2014.5

ISBN 978-7-5113-4603-2

Ⅰ.①自…　Ⅱ.①魏…　Ⅲ.①品牌营销-研究
Ⅳ.①F713.50

中国版本图书馆 CIP 数据核字(2014)第094790 号

自己就是品牌：销售的第一堂课

著　　者 / 魏　子
责任编辑 / 文　慧
责任校对 / 孙　丽
经　　销 / 新华书店
开　　本 / 787 毫米×1092 毫米　1/16　印张/16　字数/215 千字
印　　刷 / 北京建泰印刷有限公司
版　　次 / 2014 年 6 月第 1 版　2014 年 6 月第 1 次印刷
书　　号 / ISBN 978-7-5113-4603-2
定　　价 / 29.80 元

中国华侨出版社　北京市朝阳区静安里 26 号通成达大厦 3 层　邮编:100028
法律顾问:陈鹰律师事务所
编辑部:(010)64443056　　64443979
发行部:(010)64443051　　传真:(010)64439708
网址:www.oveaschin.com
E-mail:oveaschin@sina.com

前言

日本销售大师原一平在27岁时进入保险公司开始推销生涯。当时，他穷得连饭都吃不饱，只能露宿公园。但是，一位智者的话改变了他的一生。有一天，他向一位老人推销保险，老人平静地说："你的介绍丝毫引不起我投保的兴趣。人与人之间，像这样相对而坐的时候，一定要具备一种强烈地吸引对方的魅力，如果你做不到这一点，将来就没有什么前途可言了。"老人又说："年轻人，先努力改造自己吧！"

这句话什么意思呢？其实销售是人与人打交道的行业，是你主动寻找顾客的过程，如果消费者连你这个人都无法接受、无法信赖，那他就不可能成为你的顾客。所以在销售行业中有句名言："推销员在推销出自己的产品之前，首先推销的应该是自己!”

任何产品都有包装，包括服务业的销售。其实最重要的包装是对自己的包装，我们要让买东西的人先认可我们，从我们的服装、我们的精神面貌上就可以感受到我们自身及产品的魅力，如果我们自身都是一副邋邋遢遢萎靡不振的样子，客户是不可能想象得到我们产品的优美的。

现实生活中，当我们去面试工作时，我们就得把自己展示给求职企业；结交朋友时就得把自己展示给陌生人；商务合作时就得把自己展示给潜在合作伙伴……可以说，展示自己已经在我们的工作与生活中随时随处可见，只要我们走入社会打开世界，我们就随时随地需要用心展示最好的自己。

本书立意于此，从阐述树立自己品牌对我们工作、人生的重要性开始逐步展开，具体明确地介绍了展示自己的要点、技巧和禁忌，技巧与事例有机结合，好读易懂易学，尤其是刚出校门的年轻人行走职场、是展示自我的智慧背囊。

目录

CONTENTS

第三章 抱怨，永远得不到机会

第四章 读懂“客户”的购买心理

第五章

树立自我品牌就是树立正确态度

第六章

认识自己才能更好地展示自己

第七章

品牌效应让产品身价倍增

第八章

形象是开启成功的金钥匙

第九章 好口才让自我展示得心应手

第十章 职场中要勇于展示自己

第十一章

社交中展示的技巧与真性情

第一章
牢记你自己就是品牌

会赚钱，并不是与生俱来的本领，也不是一件碰运气的事情。仔细观察就能知道，会赚钱的人，都是出色的推销员，他们在机遇面前毫不退缩、当机立断，把自己最有价值的那一面展示出来，就此一马平川。这就表明，要赚钱，不能整天唉声叹气地埋怨自己的不幸，羡慕别人的成就，而要好好检讨自己，切切实实牢记你自己就是品牌。

人生就是展示自己

推销大师卡耐基说：“我们大多数的时候是重复在做同一件事，就是推销自己让别人或社会接受，从这个意义上来说，人生就是一场推销。”

世界上的品牌是什么呢？就是你自己。

从某种意义上来说，人生就是一场演出。不管你是在与人交往，还是在推销产品，或是去某一个公司应聘，你首先就是有意识或是无意识地在展示自己。

东方朔刚入长安时，就用了3000片木牍向汉武帝上书，公车令派两个人去抬才能勉强抬起来。汉武帝用了两个月的时间，才把它读完。东方朔在奏章中一点儿也不忌讳，口若悬河地列出了自己一大堆优点，称自己是一个不可多得的人才。汉武帝看完他的奏章，虽然心动不已，但也怀疑他是在夸夸其谈，所以便没有马上重用他。

东方朔并没有灰心，而是卷土重来、另辟蹊径向汉武帝展示自己。当时，与东方朔并列为郎的侍臣中，有不少都是侏儒，东方朔就故意吓唬他们，说汉武帝嫌他们没用，要全部杀死他们。侏儒们吓坏了，便禀告汉武帝，汉武帝一听，就诏问东方朔为何要吓唬他们。东方朔一见机会来了，就说：“那些侏儒不过3尺高，俸禄是一口袋米、240个铜钱，我东方朔身长9尺有余，俸禄也是一口袋米、240个铜钱，侏儒饱得要死，我却饿得要死。陛下要是觉得我有用，就请让我们在待遇上有所差别；如果不想用我，大可罢免我，那我也用不着在长安城要饭吃了。”汉武帝听了大笑，决定马上增加他的俸禄。东方朔之所以一直是皇上面前的红人，靠的就是他巧妙的自我展示的艺术。

勇气，是一切展示行为的基础。如果你连敲门的勇气都没有，就不可能见到客户。而要是见不到客户，想要成功就是天方夜谭了。

缺乏勇气，甚至恐惧缠身，自然就会一事无成；积极热忱，并以热情影响和感动他人，就是勇气的完美体现。构成勇气的要素主要有三个，就是无私者必须无畏，艺高于人还要胆大，明理者还须敢为。身为一个推销员，你没有理由缺乏勇气去见客户，更没有理由被恐惧缠身。

不断自我激励，坚信自己不比任何人差，才是推销员应有的心态。别人能干，为什么我就不能呢？做好失败的准备，就没什么好怕的。如果工作的难度相对较低，没什么挑战性的话，肯定也不会引起自己的兴趣，也不能有这么好的锻炼机会和这么高的待遇。而且不要对机遇产生消极否定的心态，因为每一份工作机遇，都是锻炼的好机会，都能为以后的工作打基础。每一个成功的人，不管碰到了什么样的情况，他的第一反应总是找办法解决，而失败者的第一反应，恰恰就与成功者相反，他总是会找理由去推托和安慰自己。请记住：事实上，只要精神不滑坡，办法总比困难多。

不断剖析自己、认识自己、评价自己和客观而又公正地看待自己，是每一个推销员都应该做到的。肯定自己的优点，努力克服自己的缺点，是获得勇气和提升能力的源泉。

要展示自己，首先必须要有推销的信心。推销的信心从哪里来呢？它以恒心、意志和毅力作为基础。这就是说，你必须克服自卑感，才能增强自信心。当你自信心不足，最大的敌人其实就是你自己。你要是对自己的能力有所怀疑而又一直不敢试一试以求证明的话，始终都不会知道自己的能力有多少。要成功地做成一单推销，你一方面要把客户当作上帝，除了人格上应该是平等一致以外，你应该一切都以满足客户的需求为主；另一方面，你就把自己当作客户的债主，你今天去见客户，就是要今天把债讨回来。只要你有这样的想法，你就能让信心倍增，从而让自己在推销的工作上更加顺利。

罗纳德·里根赢得了两次大选，这是为什么呢？不难发现，绝大多数中立者因为喜欢他而投票给他。这样的原因既真实又简单：当需要在两者之间作出抉择的时候，我们更倾向于选择那些我们更喜欢的人，或者不太讨厌的人。

可见，要成功展示自己，形象非常重要。一个成功的推销员，必定拥有一个亲切且讨人喜欢的形象，这就是说，你需要打磨自己的沟通能力，还要培养自己的自信心。

当你与陌生的客户接触时，你就必须要有说服对方的信心，皆因信心是勇气的保证，有了勇气，你就更能在工作上得心应手。如果你没有足够的信心怎么办？那么就必须加强训练，因为自信心不只是在销售这个行业需要，而是人的一生中每时、每事都需要的。

人们在比较陌生的场合下，最重要的是学会如何表现得自然。当你学会并明白在愉快的谈话中如何表现时，就有望有朝一日能把这种技巧转移到讲台上的交流中。你要明确自己的定位，对自己有足够的信心，做自己才是最重要的，这样，你才能成长为一个成功的推销员。

财富来自品牌

工作无大小，世界上所有的财富都来自于“一买一卖”之间，如何能把有价值的产品卖给顾客，创造更大的价值，也是一门很大的学问。我们每个人都是一名推销员，都应该学会适时、适度地展示自己。有能力，还要会展现。只要用心去做，看似枯燥的工作也会令人意兴盎然。

所谓的“买”和“卖”，其实就在于“推销”。要人买自己的产品，或者对自己的能力有信心，要和自己合作的话，就得要成功展示自己，让人对自己有购买欲。

在职场中，与内向者相比，外向者更乐于与人打交道，因此就有着先天的优势。他们擅长处世之道，是先天的乐天派，有着十分强的感召力，更具备较高情商，可以成为引导他人的核心。

海德格尔有句名言：“语言是人类的栖居之地，做个会说话的人。”只要身在职场中，不管是在外面跑还是坐在办公室里，与同事、客户之间进行交往都是离不开语言的。说话得体会让人如沐春风，相反，如果言辞拙劣，就会给人留下不好的印象。俗话说：“一句话说得让人跳，一句话说得让人笑。”一样的目的，一样的说话内容，表达方式不同，造成的后果也会大不一样。

有些人在这方面做得很到位。他们充沛的活力留给人热情洋溢的印象，他们乐观积极的话语让大家一洗疲劳，放松紧绷的神经，以致有人把他们形容为开心果。这说明这些人更懂推销之道，更能感染他人，能更容易地促成一单买卖。

李嘉诚年轻时曾在一家塑胶厂当推销员。他研究出了一套展示自己的推销哲学，就是推销产品时根据不同对象要灵活应对。有一次，他推销一种塑料洒水器，走了半天都无人问津。于是他想了一个方法，佯装洒水器可能出了问题，要借别人的水管用用。于是他找到了机会，便表演起来，不出所料，一下子卖掉了十几个洒水器。

李嘉诚推销商品，还不是只管卖不卖得出去商品而已，他还注重总结市场和居民使用这种产品的情况。然后，他把市场划分成很多个区域，总结每个区域的居民生活情况和市场情况，只要一拿到新产品就知道销路在哪里。一年后，他的推销额远远地超过了同事们。

李嘉诚的推销技巧，并不是强买强卖，而是懂得巧用智慧，还会观察全局，做好市场分析后再出击，就可以一击即中了。

美国著名的福特汽车公司，拥有年均250万的顾客量，为了了解顾客的需求，公司定期邀请来一些顾客与产品设计人员和汽车推销员一同讨论产品及销售服务等问题，并专门设计一种软件数据系统，好让各部门经理和雇员详细了解和掌握顾客的意见。一次，有位顾客抱怨说，乘坐福特汽车通常不愿坐在后排，因为后排空间太小，导致腿伸不开，很不舒服。听到这个意见后，公司立即将前排座位下部进行了调整改进，加宽了前后排之间的距离。这一举动赢得了顾客的普遍称赞，使福特汽车口碑大增，从而更加畅销。

为顾客服务，不仅要做好面带笑容、热情周到等服务，更重要的是要从市场调查、产品设计、广告宣传到刺激购买的环节做到位，以顾客为中心，每一环节都注意改进。

可见，“买”和“卖”，并不是简单的一次性市场交易，它还牵涉到品牌形象和口碑问题。要提升自己的价值，眼光便不能狭隘，不能在单一的买卖上止步，还得做好自己的长久行销计划，以长远的目光改进自己的软件配备。

在市场经济中，买卖观念可谓是主心轴。买与卖之间的关系，已经日趋自由化，这就表明，买方有足够的权利来决定要不要购买你的商品，或采纳你的建议。而推销，就是把自己推销给别人，让别人接受自己后，再销售自己的产品；买卖是一进一出，也是围绕着人展开的；推销与买卖是互动的关系，一个是前奏，一个是后延，两者相互支撑，相辅相成。推销技巧，是对买卖的展开加以具体实现，而买卖的好与否与技巧的好坏直接关联。推销技巧是从长远角度来支持买卖的，没有过硬的品牌，买卖也就不会长久。所以要想买卖好，首先得不断打磨和锻炼自己的品牌，以达到可圈可点的境界。

推销，就是要让顾客在自己与别人之间选择自己，就是让自己牵涉进成功的买卖关系中的有效手段。身处商海，默默无闻，一声不吭是不可行的，要懂得推销自己的智慧。所以，要做好买卖，就得重视推销这一环节，不断让自己的推销技巧日臻完善，还要锻炼自己的胆量和口才，以让自己争取到更多的机会。千里之行，始于足下，财富的积累，要从小事做起。买与卖之间，就是我们积累财富的重要途径，只要把推销做到位，就能开始更加得心应手地积累财富，赢得硕果。

失败是成功的基石

无论身处什么样的境况，也不论遇到多少挫折，对于拥有良好素质的营销人员来说，他们始终有一个坚定的信仰，那就是：没有失败，只有暂时的不成功。

有一个从小口吃、胆怯、害羞的孩子，长大后穷得连养家糊口都成问题的男人，一个35岁之前曾换过40个工作却仍然一事无成的失败者，依然执着地相信：每个人天生都有做营销的潜质，而他终有一天会凭着自己的营销潜质获得成功。

最后，这个不可思议的男人拥有了最不可思议的成就——他就是世界头号营销大师乔·吉拉德。

作为一名受过生活残酷磨炼的人，乔·吉拉德对如何从零开始、成长为一名优秀的营销人员有着深刻的理解。他相信每一个人天生都有做营销的潜质，每一个人都可以成为一名优秀的推销员，而我们所要做的最重要的工作，就是发掘自己的营销潜质、激发这种潜质、发挥这种潜质。

营销素质是否与生俱来，我们并不敢妄下定论，但是当我们回顾许多伟大的成功人士的人生历程时会发现，每一名成功者都是天生的营销大师，无论他们从事何种工作，无论他们的生命起点如何之低，出色的营销才能都帮助他们的事业腾飞发展——松下幸之助向世界成功推销了日本产品的新形象，比尔·盖茨向世界推销了一个个人电脑进入千家万户的梦想。

从松下幸之助、比尔·盖茨、乔·吉拉德，再到其他成功的营销大师，成功都固然离不开天时、地利，离不开时代赋予的种种机遇，但在他们生命的底色中，有某些素质是与生俱来的，那就是作为一名优秀营销员的优秀素质。正是这些素质使得他们在经历了艰难挫折之后，最终成就了一番辉煌事业。

一个能够影响你作出选择的主要因素就是推销。你听从了一些人的推荐和劝告，就决定了购买你现在的车。你浏览了一些网页上的手机评估和测量后，就买了你现在的手机。

这就是销售的魔力。和市场上的销售员推销自己的产品一样，那些目标明确的人同时也应该学会自我展示。人们会想要知道在他们帮助你实现目标后，他们能够从中获取什么样的好处。

如果你很内向，那么你会觉得自我推销就像是炫耀，就是王婆卖瓜。而你的思维习惯比较抗拒吹嘘或者炫耀，就会本能地抵触推销。

但自我展示不是这样的。自我展示是给他人提供正确及足够的信息，以便他们作出购买与否的决定。这个购买的决定，并不只是说你付钱购买何种商品，也可以是雇用你，或者和你建立某种关系，或者成为你工作上的伙伴。

如果你正在寻找工作，单凭个人的简历是不够的。如果你认真对待你的目标的话，就要进行完善的自我推销。那些很认真对待他们自己个人目标的人需要进行自我展示，因为一个人无法独立完成那么多的工作。而如果你不能有效地展示你自己的话，你就很难让你的雇用者觉得你有足够的能力来胜任工作。

大多数高管来自推销员

推销员无处不在，在社会的各个阶层都能瞥见他们的身影。他们于各处与各种人打交道，你来我往，总能让人对其心悦诚服，这不是因为他们的名望，而是因为他们本身固有的推销技巧，让人深深为之佩服。

一个雨天的下午，一位老妇人走进一家百货商场，她漫无目的地在商场内闲逛，显然是一副不打算买东西的样子。

这时，一位年轻的女店员看到了这位老妇人，立刻主动地迎上去向她打招呼并很有礼貌地问她："您是否有什么需要服务的地方？" 这位老太太对她说："我只是进来躲雨，并不打算买任何东西。"这位年轻女店员微笑着对她说："即使您不想买东西，我们也同样欢迎您的到来。"

女店员说完话后，并没有急于向其他顾客推销商品，而是留下来主动和这位老太太聊天，以显示她确实欢迎这位不买东西的顾客的诚意。作为推销员，首先要给顾客留下深刻而良好的印象。当这位老妇人离去时，年轻的女店员还陪她到商场门口，并替她把雨伞撑开。临别时，老妇人向年轻女店员要了一张名片，然后欢喜地离开了。

后来，这位女店员早已忘了这件事。然而，有一天，她突然被公司老板叫到办公室，老板向她出示了一封信，信是那位老妇人写来的。

原来，这位老妇人是美国著名的钢铁大王戴尔·卡内基的母亲。老妇人信中指名要求百货公司指派那位女店员到休斯敦，代表该公司为其提供装饰一所豪宅所需的装潢材料。

很显然年轻的女店员得到了晋升的机会，由于她的真诚和热情服务，获得了意想不到的收获，这是她当初想象不到的事。

富兰克林曾经说过，人与人之间的关系中，对人生的幸福来说最重要的，莫过于真实、诚意和热情。不要用虚情假意来骗取人心，因为所有的虚伪最终都会被戳破，假如缺乏真心诚意，再好的创意或宣传也无法感动人心。

个人品牌的树立不能靠花拳绣腿和嘴上功夫，还因为他们都有一颗设身处地从对方角度出发的心，凭此，他们就能受到他人的拥戴，在自己的职位上无往不利。

第二章

如何让推销更深入人心

树立自己的品牌，不能单靠基本的推销思维和技巧，还要从“心”出发。很多时候，顾客对于商品的接受程度，都在于你能否猜中顾客心中所想，从而满足顾客的各种心理诉求。推销不仅仅是简单的商品叫卖，还要学会从各个角度考虑，全面透析顾客的想法，制订出有效的应对方案。

学会换位思考，方能赢得客户

与朋友相处需要理解，与同事相处需要理解，甚至与家人相处也需要理解。理解他人的前提之一就是我们能够站在对方的立场上看问题。每一个人都具有一定的差异性，由于性格不同、经历不同、思维不同，在接人待物和处理事情上都会有一定差异。在生活或工作中，一些鸡毛蒜皮之事常常成为矛盾的导火索，这便是缺乏理解的结果。如果我们能够设身处地地为对方想一想，做一个如果我是对方，我会怎样说、怎样做、怎样思考的假设，那么很多怨艾就可能会消失得无影无踪。

要站在对方的立场上看问题，就要理解对方的心理状态，做到感同身受。

心理学上有个词，叫作“同理心”，意思是能易地而处、设身处地地理解他人的情绪，感同身受地明白及体会身边人的处境及感受，并适当地回应其需要。具有“同理心”的人能从细微处体察到他人的需求。同理心必然需要换位思考。

换位思考是理解他人的基础，面对着可能出现的不理解，我们不妨把自己假想成对方，站在对方的角度、对方的位置、对方的处境、对方的立场和对方的角色上来思考问题，多想想“如果是我，我该怎么做？我会怎样选择”？换位思考的前提是换位要准确地换到对方的位置上，如果换位不到位，或是换位不换人，你的思考就达不到应有的效果。换位思考的目的是思考，如果只换位而不思考，换位思考就变得有名无实。下面这个例子，球王贝利父亲的换位思考就非常到位，也非常成功。

球王贝利出生在巴西一个贫穷的家庭里，父亲是一个因伤退役的足球运动员，贝利小小年纪就显示出非凡的足球天赋，他常常踢着父亲为他用袜子、碎布和破报纸特制的“足球”练习。慢慢地，贝利有了点儿名气，结交的同龄球友多了，也沾染了一些坏习气，比如吸烟。

一次贝利在街上找人要烟抽，被他的父亲撞见了，父亲没有对他大为光火，而是告诉他：“虽然你这个年纪吸烟的孩子很多，也许抽烟会让人感觉到自己长大了，是个男子汉了，但是，如果你想当一名优秀的足球运动员，就必须远离烟草。”说完，父亲递给他几张皱巴巴的纸币，说：“你如果真想抽烟，还是自己买的好，总跟人家要，太丢人了，你买烟要多少钱？”贝利听后感到又羞又愧，眼睛涩涩的，可他抬起头来，看到父亲的脸上已是泪水纵横……后来，贝利再也没有抽过烟。他凭着自己的勤学苦练，终于成了一代球王。

襟怀宽广，才能容得下别人不能容、容不了的人和事。当遇到别人误解的时候，胸襟宽广的人不急不躁，相信自己能够向对方解释清楚，即使对方不听解释，他们也只是微微一笑，让时间来证明一切。他们不会因为朋友的误解而恼羞成怒，相反，他们理解朋友的误解出于无意，是出于一时的激动。这样的宽容换来的是朋友更加真挚的友情。站在他人的立场上看问题，给对方以足够的理解，这是生活的一种方法、一种智慧、一种境界、一种爱护、一种体贴、一种宽容。说起来容易做起来难。我们都有被“冒犯”和“误解”

的时候，如果对此耿耿于怀，心中就会有解不开的“疙瘩”；如果我们能深入体察对方的内心世界，或许就可以形成一致意见、达成共识。这样，理解就可以为我们的交际、我们的事业带来莫大的帮助。

有些销售人员几乎都有一个通病，即在好不容易见到客户后，就急不可耐地向他们推销自己的产品，迫不及待地想成交，生怕到手的生意飞走了。殊不知，你这样做很可能会引起客户的逆反心理，你越是急于求成，他们越是犹豫不决。那么遇到这种情况怎么办呢？其实，你不妨换个思路，多为对方做一些考虑，站在客户的立场上说一些他们爱听的话，或许就能收到意想不到的效果。

顾客就是上帝。只有一心为顾客着想的人，才会真正赢得市场、获得成功。

积极地为客户着想，“以诚相待、以心换心”，是销售人员对待客户的基本原则，也是销售人员成功的基本要素。

有一位销售培训师对学生们说：“能够把冰箱卖给爱斯基摩人的推销员不是一个好的推销员。因为这个爱斯基摩人在发觉上当后就再也不愿见到他了，推销员也不要想再回到那里卖其他任何东西了。因为别人已对他失去了信任。”现在，有许多推销员，都有这种想法，即把自己手中的产品卖出去，而不管顾客买了有没有用，以及能不能发挥出产品的极大性能。

所有成功的人，或者说业绩突出的人，之所以成功，就是因为他们的价值观念、行为模式比一般人更主动，他们的心态比一般人更积极。

为什么有的推销员总与成功有缘，而有些推销员则始终无法避免失败呢？最主要的原因是前者能够为客户解决问题，而后者在拜访客户时往往表现得盲目和平庸。一些推销员匆忙地敲开客户办公室的门，急急忙忙地介绍产品，遭到客户的拒绝后，又赶快去拜访下一位客户。他们整日忙忙碌碌，所获却不多。

推销员与其匆忙地拜访10位客户而一无所获，还不如认真地做好准备去打动一位客户。所有成功的人，或者说业绩突出的人，之所以成功，是因为他们更能把握客户的心理，真诚打动对方，再有针对性地进行说服工作。

别出心裁的迂回推销

在某些情况下，我们要向对方介绍自己，对方不一定会接受你；你要做一些事来赢得对方的欣赏，却又苦于找不到适当的机会。这时就需要我们采取迂回的技巧，让对方在不知不觉中认识你、接纳你。英国著名作家毛姆，年轻时他默默无闻，苦于自己的书无人问津。要知道，一位作者要让读者接受自己必须通过他的著作。如果他向人介绍他的作品是如何之好，我想是没有几个人会信服他而购买他的书的。于是毛姆别出心裁地在报纸上登了这样一则广告："某年轻百万富翁，性情温和，爱好体育、音乐，希望能与毛姆最新作品中女主角性格相同之女士为友，而后论婚嫁。"几天以后，毛姆的著作大为畅销，竟使毛姆跻身于著名作家之列。

一则小小的广告能带来如此神奇的效果，这不能不说毛姆自我推销的高明。他巧妙地利用人们的好奇心理，让人们对他的作品发生兴趣，从而也将自己"推销"给了读者。迂回推销的精华就在于别出心裁、藏而不露。

波兰音乐家肖邦的成名，也是通过这种迂回的推销方式达到目的的。1931 年，肖邦从波兰流亡到巴黎。当时，匈牙利钢琴家李斯特已是声名远扬的音乐家，而肖邦只不过是一个默默无闻的小人物。但是，肖邦的音乐才华深为李斯特所欣赏。为使肖邦在观众面前赢得声誉，李斯特便采取了一种别出心裁的方法：先由李斯特坐在钢琴前弹奏，在灯光熄灭后，就悄悄地让肖邦代替他演奏。观众被琴声征服了，等演奏完毕亮灯一看，原来坐在钢琴前的竟是肖邦，观众大为惊愕，却又深深地被肖邦的才能所折服，肖邦终于成功了。值得一提的是，李斯特推荐新秀的宽阔胸襟也深深地让人们感动。

要成功地展示自己，让对方真心地接纳你，所依靠的并不是夸夸其谈，而是实事求是的行动。宋朝一位仅在任 76 天的宰相杜衍曾对他的同僚说："若想走上仕途，势必要保持清廉与慎重，要效忠朝廷，忘掉自我。还要为将来可能的结果做好预防工作，而你们所要遵循的只有 4 个字：'只做不说'。"

其实，这也正是我们在自我展示时可以采用的一项：少说多做。中国有句成语，叫"桃李不言，下自成蹊"。每个人的一言一行都在别人的观察之中，你做得如何，别人自然会给你一个恰当的评价，何须你自己多费唇舌？

有一则小故事，说一位先生登报招聘一名办公室勤杂工。约有 50 多人前来应聘，但这位先生只挑中了一个男孩。"我想知道，"他的一位朋友说，"你为何喜欢那个男孩？他既没带一封介绍信，也没有任何人推荐。""你错了，"这位先生说，"他带来许多介绍信。他在门口蹭掉了脚下带来的土，进门后随手关上了门，说明他做事小心仔细；当他看到那位残疾老人时，就立即起身让座，表明他心地善良、体贴别人；进了办公室他先脱去帽子，回答我的提问时干脆果断，证明他既懂礼貌又有教养；其他所有人都从我故意放在地板上的那本书上迈过去，而这个男孩却俯身拾起它并放回桌子上；他衣着整洁，头发梳得整整齐齐，指甲修得干干净净。难道你不认为这些就是最好的介绍信吗？”

当然，这则故事中那位先生观察人的艺术是很值得称道的。但是，那位男孩的一言一行，确实很成功地“推销”了他自己。他在这些小节上的所作所为，要比长篇大论有用得多。

你应懂的“推销”智慧

有人说，全世界最长的距离就是钱从顾客的口袋到销售人员的口袋这一段距离，原因是因为我们有些销售人员时常太过于注意想获得顾客口袋里的钱所导致的结果，所以有些人在销售的过程中，心里关心的只是顾客买不买？买多少？顾客的态度好不好？顾客的要求多不多？顾客到底会不会掏钱决定购买？而这些销售人员关心的重点中没有一个是顾客所关心的重点，所以虽然拜访了千百次顾客，却还是找不到与顾客做进一步沟通的突破口，因为突破不了顾客这一关，自然就突破不了业绩障碍这一关了！

当你面对顾客时，曾去想过顾客的心里在想什么？顾客真正的需求是什么？你了解你眼前的顾客多少？你跟顾客之间的话题和交流是否仅止于商品上？如果你不曾花心思在这些问题上面，你如何去满足客户心中真正的需求呢？举例来说，顾客如果肚子饿，你应该要让他吃饭而不是让他喝水，因为喝水并不能满足他的需要，确认他的需要是填饱肚子之后，再去细分他喜欢面食还是米饭？喜欢什么口味？是咸辣还是清淡？要一一满足顾客的需要才能拥有一个满意的顾客。再举一个例子来说会更清楚：如果一个婴儿肚子饿了，应该要做的是喂奶给他喝而不是换尿布，如果一个婴儿的尿布湿了就应该换尿布，而不是喂奶给他喝，只要不是满足婴儿的需要，他就会哭闹不休，直到他满足为止，这就很像我们所面对的顾客！在成交前你满足他了呢，还是你还没有养成分析顾客需求的习惯呢？

常常看到一个销售人员在与顾客沟通的时候只说他自己觉得很重要的事、他自己觉得顾客所需要的事，嘴巴说得太多但是倾听得太少，完全不在乎顾客的感受与认同感如何，就像发射连珠炮一般滔滔不绝，甚至企图想要改变顾客的需要来完成成交，用这样的方式当然无法完成成交！也许你觉得自己沟通得很好，但是一场沟通的成功与否，顾客打的分数才是真正的分数，要顾客说好才是真正的好，而不是你！这种销售的方式叫作乱枪打鸟式的销售方式，成交与否不是靠运气！

因为，如果你是那一个在这样不被重视自身需求情况下的顾客，你会不会购买呢？除非他所谈论的刚好是你所需要的重点，否则90%以上的顾客，是不会掏钱购买的，不是吗？所以，如果你是顾客，你会不会跟你自己买东西呢？你是否已经足够满足你自己呢？如果你的方法、态度，都没有办法令自己购买，你怎么可能让顾客购买呢？所以在你销售任何商品给你的客户之前，先试着销售这样的商品给你自己，自己去说服自己购买，一人同时扮演两个角色，一个是销售人员，一个是客户，如果你能够成功地销售商品给你自己，你就已经成功了80%了！所以，花一点儿时间分析一下自己除了商品需求之外，你还有哪一些需求需要被满足，其实在了解自己的过程中就等于已经在了解顾客了。

习惯性地去演练和顾客互换立场，假扮成你是顾客，并且将顾客的背景、个性、职位考虑在内，然后开始进行思考：他会喜欢什么方式？他会有什么想法？他会喜欢什么感受？他会比较需要什么？这些都可以在平常的时候作为自己练习的内容，因为，先做好充分的准备之后再去面对顾客好过于临阵磨刀，不至于手忙脚乱地将主导权交到顾客的手上。

不仅仅是拿顾客来当作自己练习的对象，你也可以拿你周围的朋友、亲人来作为练习的对象，常常问自己为什么：他为什么说这句话？他为什么做这件事？他为什么会用这种态度回应？他为什么会生气？他为什么会很满意、很开心？每一次这样问自己，都会促进自己每一次的成长，通过这种思考方式你会越来越了解顾客的想法、顾客的需要，而你也会对顾客多一分体谅、多一分关怀、多一分贴心！

你甚至可以在练习完之后去询问对方，以找到正确答案，只要用这样的方式不断地去练习，就可以帮助一个销售人员提升其敏锐的观察能力，终究你会发现自己越来越懂得顾客要什么，越了解顾客在想什么，再也不会去抱怨“我都不知道顾客的心里到底在想什么了”，因为你已经可以很容易在角色转换的练习中进入到你顾客的心里最深处了，这样才叫作真正地掌握客户的行为、掌握顾客的心理，对销售人员而言，稳定突出的业绩就是从这里开始的！

顾客的需要并不见得只在商品上，商品的需求只是他的需求之一，当你自己是顾客也同样如此，只是你可能不曾仔细想过而已，试想，当你站在专柜前购买商品时，你只是要了解商品的功能吗，还是你也要有被尊重感、被赞美、被关怀、被注意的其他需求呢？有时候，顾客的其他需求也许会高过于对商品的需求，在你的眼中是否有注意到呢？也许他没有自信，需要被赞美，也许他压力很大，需要有人开导，也许他需要的是能够增长自己的见闻，也许他喜欢被人尊重为销售前辈的感受，也许他需要的只是被关心！

我们最容易犯的错就是不断地将各种商品一一介绍给顾客，期待顾客购买，却不知顾客到底需要什么，而把焦点放在自己的业绩大过于顾客的需求上，我们想卖给他这样一件东西，但没有去想顾客为什么必须要购买这件东西，还有哪一些商品可能才是顾客需要的，事前没有先分析，结果洋洋洒洒地拿出各式各样的商品让顾客自己去挑，结果徒然浪费顾客的时间和精力，而你也不会获得一个很好的回应，因为十之八九的顾客并不会有这样的耐心去听你对每种商品进行介绍，结果到最后你却没能卖出一件商品！

每一样产品都有和其他同类产品不同的地方，这便是它的特征。只有从顾客最感兴趣的方面介绍产品，才能吸引顾客的注意力。

产品的特征可以让顾客把你推荐的产品从竞争对手的产品中分辨出来。一位电器生产商可能会提供几个不同款式的冰箱，而每个款式都有它不同的特征。

推销家具时，鼓励顾客亲身体验一下，让他们坐到椅子上或到床上躺一会儿。推销浴室用品时，可以提供一些小巧的样品给顾客试用。比如，把沐浴露放在一盆温水中，让顾客嗅嗅它的香气，这样顾客才能对它产生兴趣。

一位房地产推销员，带一对夫妻参观一处住宅，推销员发现，这位太太对院子中的一棵木棉树非常感兴趣，曾悄声对丈夫说："你看，院子里的这棵木棉树多漂亮啊！"可这对夫妻进入客厅时，却对客厅里陈旧的地板有些不满。这时，推销员就对他们说："是啊，地板是有些陈旧，但这幢房子的最大优点是能从客厅看到那棵木棉树。"

当这对夫妻走到厨房时，太太对厨房的厨具也不太满意，而这位推销员又接着说："当你做晚餐的时候，从厨房的窗子也可以看到那棵木棉树。"这对夫妻不论指出这幢房子有什么缺点，推销员都一再强调："这幢房子是有许多缺点，但您二位知道吗？这幢房子有一个特点是其他房子所没有的，那就是从任何房间都能看到那棵非常漂亮的木棉树。”这个推销员在整个推销过程中，一直不断地强调院子里那棵木棉树，他把这对夫妻所有的注意力都集中到那棵木棉树上了。果然，这对夫妻最后还是买下了那幢房子。

在推销产品的过程中，我们所推销的每种产品以及所遇到的每一个客户心中都有一棵“木棉树”。而我们最重要的工作就是在最短的时间内，找出那棵“木棉树”，然后将我们所有的注意力都放在推销那棵“木棉树”上，那么，客户就会减少许多忧虑。

光环效应，让对方对你刮目相看

当一个人在别人心目中有较好的形象时，他会被一种积极的光环所笼罩，从而被赋予其他良好的品质。由于光环效应可以增加人们对未知事物认识的可信度和说服力，使得人们在认识事物方面达到“好者越好、差者越差”的效果。

当你对一个人产生好感时，他的身上会出现积极的、美妙的甚至是理想的光环。在这种光环的笼罩下，不仅对方外貌、心灵上的不足被忽略，甚至连他所使用过的东西，跟他要好的朋友、他的家人你都感觉很不错。

俗话说“情人眼中出西施”，也是这种光环效应的结果。一位青年男子十分迷恋一位少女，以至于认为她脸上的雀斑像是“天空中闪烁的星斗，楚楚动人”。这是我们生活中很普遍的一种特定的心理现象，其产生的前提是已经在心中把对方当成自已的热恋情人。沉醉于爱河之中的男男女女，都执着于自己的恋爱对象，并对其某一些美的方面特别专注、迷恋和欣赏。这种积极的主观态度，会使这些美的方面在恋爱者心目中显得特别突出，并因此产生光环效应，即由此而推及对方的其他方面，对对方的各方面都产生美的感觉，甚至会把对方的缺陷也当成优点去欣赏。

青少年追星族就是一个很典型的例子。有些青少年因为喜欢某一个歌星或影星而极力地模仿这位歌星或影星，从服装、发型到说话做事的方式，无一不是竭尽全力加以模仿。

因此，在名人的光环下，产生“注意力经济”也是自然而然的了。这使得那些明星身价大增。那些嗅觉敏锐的商业“猎手”自然不会放过这个赚钱的机会，他们往往会有意识地包装明星们，代表他们同有意做广告的厂商谈判。

其实从心理学的角度来说，我们人人都难免有无意识地迎合光环效应的习惯。比如某位明星突然出现在你面前时，你会不自觉地找他签名；当你和朋友谈论成功人士时，你会自然拿某位名人作比较。大多数人则更多地会迎合权威，用权威的观点为自己做证，而放弃自我的主张与观点。

美国学者罗伯特·西奥迪尼在他的营销学著作《影响力》一书中指出，人们通常会下意识地把一些正面的品质加到外表漂亮的人身上，像聪明、善良、诚实、机智，等等。虽然它们与这个人其实并无直接的联系。

美国心理学家凯利曾做过一个心理实验：让一位演讲者在某大学两个班级分别作了内容相同的演讲。演讲结束后，甲班学生与其亲密攀谈，而乙班学生对其则冷淡回避。同一个人作了同样的演讲，为何效果会如此不同？原来演讲前凯利曾对甲班学生说，演讲者是如何热情可亲，而对乙班学生则说，演讲者是如何不易接近。结果学生们戴着有色眼镜去观察演讲者，演讲者被罩上了不同色彩的光环，学生们看到的都是他们期望看到的。

在与别人交往的过程中，我们并不总能实事求是地评价一个人，而往往根据已有的了解来推测他的其他方面。我们常常从对方所具有的某个特性而泛化到其他有关的一系列特性，从局部信息形成一个完整的印象，根据最少量的情况对别人作出全面的评价。这也是商家找明星、名人做广告，宣传商品的原因所在。

第三章
抱怨，永远得不到机会

在这个世界上，才华横溢、学富五车的人很多，但为何最后很多人却落了个穷困潦倒、一无所成的下场，而许多看上去并没有什么才华、平凡无奇的人却能功成名就、春风得意呢？俗话说，千里马常有，伯乐却不常有。为什么我的能力老板总是看不到？升职、加薪为什么永远也轮不到我？为什么人生竟会如此不同？如此这般抱怨的职场人，现在比比皆是。要是总带着如此的心情工作、怨天尤人、垂头丧气，机会就会更加忽略你的存在。

如何确立自己就是品牌

一个人不管有多大的本事，如果不为人知、不被人发现，就会像地下尚未被开采的宝藏被深深地埋在底层，难以发出其耀眼的光芒。

生活在今天的你，不论所从事的是什么职业，也不论在社会中的地位如何，在生活中都需要发挥你的“推销”能力，因为当今社会是一个竞争的社会，你要想在这样一个竞争的社会里立足，你就必须学会展示自己。“酒香不怕巷子深”那样的时代已经成为历史，埋在土里的黄金也不再会有人费心费力地去挖掘，如果你是一块黄金，你就不能将自己的光芒掩埋，必须将自己展示出来，否则就不会引起他人的注意。

要求职，就是要善于展示自己。如果你不善于展示自己，就说明你已经成了社会发展中的落伍者，必须寻找机会训练自己的自信。有许多人对于推销的观念，还停留在“一个人提着一袋卫生纸，挨家挨户敲门”这一形式上，因而认为推销是一种不光彩的行为，这个观念存在着很大的谬误。

你要相信，人生无处不推销，当你向自己心爱的人表白爱恋的时候，当你向你的上司奉献你的创意的时候，当你向他人亮明你的身份的时候，实际上已经是在展示自己了。有人认为展示自己就是“推销自己”，这话并没有错，虽然它不很中听，但是你每天所做的一切，想想看，不正是在“推销”自己吗？更何况，在当今这样一个竞争激烈的社会里，你要是能把自己推销出去，也就是理所当然的成功者了。

陈子昂是唐代的大文学家，年轻时进京赶考遭到排挤和阻碍，被取消了考试资格，然而仅仅隔了两个月，陈子昂不仅名声大振，甚至还得到皇帝特赦，取得了补考机会并高中进士。那么，陈子昂是怎么做到这一切的呢？

陈子昂虽然出生在一个富商家庭，但却非常好学。24岁时，他带着自己的300篇文章赴京考试，然而同时赴考的还有好几位高官子弟，他们在预考中尝到了陈子昂的厉害，那些高官怕自己的子孙考不过他，就设计取消了陈子昂的考试资格。

一个月后，在京城最为繁华的一条街道上，出现了一位卖古筝的老者，那是一把已有200多年历史的珍贵古筝，开价100万两银子，吸引了路人纷纷前来围观。

就在这时，陈子昂走进了人群，他仔细观察了一番古筝后，喜出望外地说：“我终于找到了我想要的古筝了！100万两银子，我买下了！”随后，陈子昂当场拿出银票，递到了老者的手中。

陈子昂的慷慨举动引来了围观者的阵阵惊叹，他们纷纷提议陈子昂在这里演奏一曲。陈子昂四下看了看说：“如此好筝，又怎能在这种场合演奏呢？明天来我住的酒楼，我大摆宴席，请大家听曲。”说完，陈子昂把自己入住的酒楼告诉了大家，就带着古筝离开了。

围观者哪里知道，那位卖筝的老者，只是陈子昂家的一位老管家而已，而这所有的一切，都是陈子昂蓄意安排的。

次日，陈子昂抱着那把古筝，居高临下地坐在二楼主宾席上。酒宴开始后，他先是抚了抚古筝，作出要演奏的样子，又突然一把举起古筝，将其“啪”的一声砸在地上，把古筝摔得稀巴烂。在场的所有人都惊呆了。

这时，陈子昂站直了身子，大声地对大家说：“四川人陈子昂，最擅长写作，有诗文300篇，区区一把古筝，又怎么能与我的文章相比？”

“你还会写文章？”在场的人越发好奇了，他们纷纷请求陈子昂把文章拿出来让他们拜读。

陈子昂见时机成熟，立刻命酒楼老板把事先准备好的文章发放给大家阅读。因为之前陈子昂给大家的印象就已是非比寻常了，现在再看他的文章，更觉得陈子昂高人一等，其文采无可挑剔，让在场的所有人都折服了。

就这样，陈子昂的名声在一天之内就传遍了整个京城。3天之后，一位书商主动找到陈子昂，要求整理出版他的那300篇诗文，由此，陈子昂的首部传世著作《伯玉初集》问世了。

没过多久，陈子昂的文采随着这本书被当时的皇帝唐睿宗获知，求贤若渴的唐睿宗当即下令给陈子昂一个补考机会，最终，陈子昂高中进士，从此进入仕途，为百姓做了许多好事，并且写下了《陈子昂集》、《感遇》、《蓟丘览古赠卢居士藏用》等流传千古的诗文集，成了一位名留青史的大文学家。

确立自己的品牌，找到你的顾客，让他们接受你，不要羞于提及推销自己的话题，这是重点。你所应该想的，只是如何将自己做好，其余的都是次要的。

不要因为自己的条件较他人优越就胸有成竹，缺乏进取之心，你要做的第一件事情，就是要想方设法让别人了解你，并且承认你。如果你因为自己拥有优越的条件，便坐等别人主动来找你，那你等来的除了失望之外，便一无所有。走出去，这是你成功的前提。

其实，在自我展示的时候，也不见得就必须具备足够的能力，只要认为自己有这方面的潜力，就完全可以把自己推销出去。因为一个人的能力并不是天生的，要不断地在实践中摸索、锻炼，才能得以渐渐积累和发挥自己的能力。如果不给自己一个锻炼的机会，即使有能力，也不会有施展的舞台，只能被埋没，可以说是十分令人惋惜的事情。在生活中，很多人抱怨机会没有眷顾他们，这就表明，他们往往只是干坐着等机会，如果没有机会，就会认为自己是一个不幸的人，怨叹这个世界的不公。这种想法是大错特错的，具备这种想法的人，都是消极的人，一个积极的人绝不会慨叹命运的不佳，他们多数都会主动出击为自己创造机会。只要你做一个有心人，一定不会找不到施展才华的机会。能力在人，尽善在天，如果有能力、有才华，不施展出来，就等于是浪费，一个人的生命是有限的，如果在有生之年不发掘出来，肯定会抱憾终身。

确立自己的品牌正像产品推销一样，要有一个好的外包装吸引人的注意力，从而顺利地把自己推销出去。所以，仪表形象是非常重要的，国外社会心理学家曾做过这样一个实验：在对两组被试者分别加以修饰之后，使其中一组看起来风度翩翩，另一组则显得很随便，并令其分别走路时违反交通规则。其结果是：第一组闯红灯时，尾随者占行人总数的14%，而第二组的追随者只占 4%，这说明人的服饰、穿着具有很强的号召力。没有人会对一个蓬头垢面、衣衫不整的人感兴趣。而对服装的要求，也并不一定要时髦赶潮流，最重要的是大方得体、干净整洁。

你为什么会“怀才不遇”

“怀才不遇”这个成语，字典中是这么解释的：胸怀才学但生不逢时，难以施展。说白了，就是有才能却遇不上赏识他的人，从而没有机会去施展自己的才华，实现自己的理想与抱负。比如两个入行时间相同的人，A 比 B 更加努力，也有更好的业绩，为什么 B 升职了，A 却没有。这就是最为典型的怀才不遇。

但是，“怀才不遇”并不是偶然现象，无论人是否成功，都可能有类似的经历。假若处于不被承认的境地，该怎么办才好呢？

最痛快的办法，就是换一个环境。若是金子，不会总是碰不到伯乐的。换一个环境，就等于换了一方天地，如锥处囊中脱颖而出。就像孙膑，在魏国遭排挤、陷害，受难受辱，但是他并没有向命运低头，而是充分发挥自己的才智，想方设法到了齐国，成就了自己的辉煌人生。当然，这需要自信和勇气，就是要求自己不能自暴自弃，要拒绝沉沦，也不要怨天尤人，要相信自己可以改变，并有勇气去改变命运；这更需要智慧去看清形势、分析利弊、把握时机，一举成功。换一个环境，人生就有可能会像鱼儿重回大海、羁鸟再入深林一般，才有可能大展拳脚，成就自己。

但是，俗语有云："一动不如一静。"如果你对当前的环境还抱有希望和信心，并自信自己可以改变尴尬的局面，是可以一试的。当然，所有的改变应该从自身的改变开始，因为我们最有能力掌控且最容易掌控的，只有自己。

我们常会从初入职场的新人那里听到这样的抱怨："只要给我机会，我一定能做到最好，可惜时运不济。我感觉跟我处于差不多起点的人都比我混得好；当初迫于无奈，作出了错误的选择，要是再给我一次机会，我肯定不会重蹈覆辙；我觉得……我认为……我坚信……不是老板太死板，就是上司不懂得欣赏我……"

其实很多时候，人们容易对自己有过高的期望，而在接触到现实的企业、岗位后，随着工作的开展，心里的落差也十分大。你要知道，没有怀才不遇这回事，与其怨天尤人，不如寻找机遇。

唐先生工作已经5年多了，就职于一个二线城市的某银行，他从银行柜员起步，一直做到银行后勤。某一日，唐先生对自己走来的这一路做了个回顾，顿感危机四伏，用唐先生自己的话来说："刚开始感觉银行的工作虽然枯燥，但怎么说也算比较稳定，勤勤恳恳地工作了多年，不论是与同事还是领导都跟亲人一样，再加上自己的责任感比较强，在部门里也已经算是资格比较老的了，我就这么走过来了，我原想，是金子总会发光的，只是时候未到罢了。但随着内部来了不少的新人，我突然感觉压力变大了，资格再老也拼不过这些有学历、有能力的年轻人呀，于是我就自己多花了点儿时间，在网络上参加了很多培训，只要感觉有用的就学。但是随着年龄的增大，我意识到自己除了在银行供职外，什么其他的工作经验都没有，加上银行跟外面企业还是有实际脱离的，而要换工作的话，不论在简历，还是面试方面我都没把握。这样的安逸生活毕竟不是我想要的，我认识到发展才是硬道理，但我一直以来都不敢轻举妄动，就这么拖到现在，后悔已来不及了。”

“怀才不遇”对于失败者来说，是最大的安慰，也是最大的欺骗，是人们最应该避免的陷阱之一。“怀才不遇”者总是牢骚满腹，抱怨社会没有为他们提供相应的平台，给他们以施展才华的机会。要知道，等待是未知的，像唐先生等了5年，换来的除了故步自封的状态以外，一无所有。为什么要守株待兔，而不主动寻找伯乐自救呢？在职场上，伯乐是个大范畴，包括适合的企业平台、工作岗位等，每个人的能力特长都不同，只有找到一个适合你能力发展的舞台，你才能够尽情发挥自己的能力。从唐先生的经历来看，他再战职场，不是没有机会，只不过个人能力有限，对这个平台没有较好的评估罢了。要找到合适的工作，必须先对自己的能力和所能发展的范围有较理性、较系统的认识和评估。

随着社会高速发展，有些人的欲望也随之迅猛增加。有追求是件好事，但是有些人心浮气躁，渴望一步登天，所以难免眼高手低，在选择工作平台的时候，只顾眼所能及的利益和好处，并不考虑自身的长远发展。

欣欣是名副其实的往届生，尝试了几份工作，受到了一些职场氛围的熏陶，感觉也积累了些各行各业的工作经验，找工作当然不能没有要求了，毕竟看起来，她怎么都要比应届生有选择资本。然而事实又是怎么样呢？碰了一鼻子灰的欣欣，满心委屈地跟朋友倾诉了她的苦恼，归根结底就是高不成低不就。

其实，欣欣对岗位的需求是缺乏实际了解的，对自身能力的把握也不准，所以在岗位的选择上期望有点过高，超出自身现有的能力，并且对面试，她很难针对性地去准备，对于一些专业问题都只是浅尝辄止，所以被淘汰的概率比较高。

积土成山这个道理，同样适用于职场上也是通的。能力也是一个阶段一个阶段地积累的，所以现在欣欣要做的，就是找准自己的职业定位，通过对自身能力以及职业背景的综合评估，找到最适合且可以长远发展的平台，然后一步一个脚印地去走。

改变自己，就是付出比他人更多的汗水来提升自己的水平和能力。得不到承认和赏识，很大一方面，是因为自己这块金子的含金量不够、亮度不够强，不能在第一时间吸引别人的目光。而要解决这一问题，最简单的办法就是努力，努力，再努力，让自己出类拔萃、鹤立鸡群、光彩照人。这样，还怕没人赏识吗？古人也好今人也罢，哪个成功人士不是如此过来的呢？

在今天这样一个现实的社会，有些人做什么都求一个“快”字，出名要趁早，成名就得快，成了，就得意扬扬、忘乎所以；不成，则垂头丧气、怨天尤人。如今，这些人没有了踏实的心态，没有了淡定和从容，没有了自我反省，也没有了客观评价。殊不知，越是如此，就越接近平庸和失败。假若如此，何不把牢骚和抱怨的时间用来做一些事情，去改变现状呢？只有自己改变了，情况才可能跟着改变。

所以，倘若你的才华得不到承认，那么你就要或者试着走出去，开辟一片新的天地；或者走进来，面对自己的内心，从里到外开始做改变。

好酒也怕巷子深

“好酒不怕巷子深”，这是一句古老的商业谚语，可是在当今社会，这句话仿佛已经不太精确了，因为好酒虽然有好品质，但仍然还是需要包装和宣传的。这并不是巷子的深浅问题，而是巷子在哪的问题。在信息时代，有了好酒，我们也不能只是消极地等待一个偶然的过客的发现。好酒有酒香，就需要发现酒香的鼻子，我们要做的，就是把好酒推到鼻子的有效嗅程之内。当然，“好酒”是此观点建立的基础，如果没有质量做保证，再多的宣传与包装也只是空话而已。

人们习惯于把好酒比喻成人才，而一说到人才，人们必然就会想到伯乐，古往今来，真正能识“千里马”的人有多少呢？自我推销并不是重点。当然，之所以有人敢把自己称为“千里马”，就是因为他们相信自己是人才，并且有着实实在在的能力和过人之处。他们凭借自己的智慧让自己更胜一筹，让他人信任自己，受人重用。从古至今，“毛遂自荐”等实例可说是多如牛毛。细细想过才意识到：好酒难道真的不怕巷子深吗？难道你的产品物美价廉，就应该静静地等待被抢购？难道你能力非凡，就应该默默地等待着各大公司的录用信？

虽然俗话说“好酒不怕巷子深”，但那也只是在强调商品的质量至上，而且这种观念也似乎仅仅是在传统社会里才被人奉为至宝。用现代眼光来看的话，这句话未免有点缺乏效率观念和竞争意识。尽管“好酒不怕巷子深”，但也需要以最快的速度让尽可能多的人知道，以便能让好酒打开销路，让好酒的价值得到进一步的提升。诸葛亮若是不遇刘备，只能是南阳的一个农夫，将毕生怀才不遇；王猛不逢苻坚，想必最后只能老死陋巷，穷苦一生。

毛遂自荐的故事可以说是家喻户晓、妇孺皆知，毛遂那种敢于自荐、勇纾国难的精神更是久经流传、令人敬佩。毛遂之所以能“以三寸之舌，强于百万之师”，成名立业、“定从立功”，离不开两个条件，一是毛遂自荐的勇气，二是毛遂自身的才干。当时赵国生死存亡悬于一线。当兵临城下、大难临头之时，平原君门下平素里口若悬河、锦衣玉食的三千食客一个个噤若寒蝉、束手无策。毛遂挺身而出，据理力争，最终说服了平原君，得以“锥处囊中”而“脱颖而出”。拥有自荐的勇气，是毛遂成功的第一步，要是没有自荐的勇气，就不会有后来的“从遂定”。过去，“酒香不怕巷子深”是说酒好，巷子再深，它的香味也可以飘出去。而现在为什么行不通呢？只因在科技、通信高度发达的今天，想要光靠质量立足，不宣传是不行的。

而古往今来，英才无用武之地的事例比比皆是。陆游胸怀抱负，北望中原，却落得个空余叹的下场，为什么？辛弃疾志在报国，心有宏图，却一筹莫展，又为什么呢？难道他们不是人才吗？

上元二年（675 年）秋，王勃前往交趾探望父亲，路经南昌时，正赶上都督阎伯屿新修滕王阁，重阳日在滕王阁大宴宾客。王勃前往拜见，阎都督对他早有所闻，便请他也参加宴会。阎都督此次宴客，主要目的是为了向大家夸耀女婿孟学士的才学，因此他让女婿事先准备好一篇序文，在席间即兴作书写给大家看。宴会上，阎都督让人拿出纸笔，假意请诸人为这次盛会作序。大家明白他的用意，所以都推辞不写，而王勃这个仅二十几岁的青年晚辈，竟不推辞，接过纸笔，当众挥笔而书。阎都督十分不高兴，拂衣而起，转入帐后，支人去看王勃写些什么。听说王勃开首写道“南昌故都，洪都新府”，都督便说：“不过是老生常谈而已。”又闻“星分翼轸，地接衡庐”，他便沉吟不语了。等听到“落霞与孤鹜齐飞，秋水共长天一色”，都督不得不叹服道：“此真天才，当垂不朽！”

“金子总会有发光的时候”，但仔细想想，在这样一个竞争如此激烈的社会，难道是真的有了才能，就不怕得不到别人的承认吗？恐怕未必。否则的话，我们有了专业本领，就不用提高什么交际能力，也不必把握机会了。试想，如果一个人不去争取机会，即使他的专业水平再高，也难会有人欣赏、有人承认。所以，即使你是“陈年老酒”，如果位于深巷，也是容易被埋没、被遗忘的。想必很少有人身处逆境、处于“深巷”，还会悠然自得、高枕无忧、聊以自慰的。

再香、再醇的酒，或者说再好的酒，它所散发出的香气也是有一个范围的，超出这个范围，人们就闻不到它的香气了。巷子太深了，气味在传送的途中自然很容易就消散殆尽。所以说，好酒当然也怕巷子深。

酒香也怕巷子深，这说明我们应该重视综合的环境因素。酒香是前提，也就是说前提必须是好酒。在内因一样的情况下，外因是能造成极大差别的，不怕巷子深，就怕目光短浅、只重视内因。从哲学的角度说，这是不符合辩证法的，是形而上学的；从经济学的角度来看，巷子越短，成本越少。所以，即便是再香的酒，也不能永远待在巷子里等待被发掘，要发光发热，就得勇敢地从巷子里走出来。

想要成功，立刻开始行动

一天，庄子家已经到揭不开锅的地步了，无奈之下，庄子只好硬着头皮到监理河道的官吏家去借粮。

监河侯见庄子登门求助，爽快地答应借粮。他说："可以，待我收到租税后，马上借你300两银子。"

庄子听罢转喜为怒，脸都气得变了色。他愤然地对监河侯说："我昨天赶路到府上来时，半路突听呼救声。环顾四周不见人影，再观察周围，原来是在干涸的车辙里躺着一条鲫鱼。"

庄子叹了口气接着说："它见到我，像遇见救星般向我求救。据称，这条鲫鱼原住东海，不幸沦落车辙里，无力自拔，眼看快要干死了。请求路人给点水，救其性命。"

监河侯听了庄子的话后，问他是否给了水救助鲫鱼。

庄子白了监河侯一眼，冷冷地说："我说可以，等我到南方，劝说吴王和越王，请他们把西江的水引到你这儿来，把你接回东海老家去！"

监河侯一听傻了眼，觉得庄子的救助方法十分荒唐："那怎么行呢？"

"是啊，鲫鱼听了我的主意，当即气得睁大了眼，说眼下断了水，没有安身之处，只需几桶水就能解困，你说的所谓引水全是空话、大话，不等把水引来，我早就成了鱼市上的干鱼啦!”

人都会有梦想，但梦想与现实往往是有差距的。有时候之所以结果未如我们预料的那样，不是因为我们不懂，而是因为我们说得太多，而行动得太少。有些人只会耍嘴皮子功夫，说得天花乱坠，一旦要真正做的时候，却一筹莫展，成了缩头乌龟。“执行力”不仅是企业生存面临的问题，同样也是个人发展必须解决的问题。要想成功，必须从现在就开始行动。正如一则广告所言：“停止空谈，开始行动!”

一个部门来了两个新人，其中一个毕业于一流名校，一个是普通学校毕业的。那个名校毕业的透着一股聪明劲儿，夸夸其谈，开始比较吸引面试官的注意力，面试官有意让他锻炼一下，结果一段时间下来发现他口才虽然很好，但一碰到烦琐的事就往后躲，最大的毛病是懒，能写50个字绝不写51个。他并不是能力问题，文笔也还可以，另外几个新人都打过开水，只有他一次也没打过。

几天后部门领导就把这个人给开除了。

再谈谈那个普通学校毕业的，看起来笨笨的，后来发现他工作很勤奋，很快便适应了新环境，最后他在公司发展得最好。

有一位成功人士曾经讲述过自己是这样走上富裕道路的。

他说：“50年前，我刚开始踏入社会谋生，在一家五金店找到了一份工作，才挣75美元。有一天，一位顾客买了一大批货物，有铲子、钳子、马鞍、盘子、水桶、箩筐，等等。这位顾客过几天就要结婚了，提前购买一些生活和劳动用具是当地的一种习俗。货物堆放在独轮车上，装了满满一车，我推起车来也有些吃力。送货并非我的职责，而完全是出于我的自愿——我为自己能为顾客运送如此沉重的货物而感到自豪。”

“一开始一切都很顺利，但是，车轮后来陷进了一个不深不浅的泥潭里，我使尽了吃奶的劲都推不动。一位心地善良的商人驾着马车路过，用他的马拖起我的独轮车和货物，并且帮我将货物送到顾客家里。在向顾客交付货物时，我仔细清点货物的数目，一直到很晚才推着空车艰难地返回五金店。我为自己的所作所为感到高兴，但是，老板却并没有因我的付出而称赞我。”

“第二天，那位商人将我叫去，告诉我说，他发现我工作十分努力，热情很高，尤其注意到我卸货时清点物品数目的细心和专注。因此，他愿意为我提供一个年薪500美元的职位。我接受了这份工作，并且从此走上了致富之路。”

每天多做一点是一个人勤奋精神的重要体现，也是每一个企业所推崇的员工的可贵人品。

其实，对于企业来说，推动企业发展的并不是那些天资卓越、才华横溢的少数人物，而是那些无论在哪一个行业、哪一个部门都勤勤恳恳、劳作不息、埋头苦干的大多数员工。为公司每天多做一点，并不意味着你能够得到更多的报酬，但是，通过你的付出，你可以得到很多意想不到的财富，比如机会、信任、赞赏、升迁等。你付出得越多，收获的也就越多，这是一条永恒的自然规律。况且，多干一点，我们并不会因此而损失什么。

提前上班，别以为没人注意到，老板可是睁大眼睛在瞧着呢！如果能提早一点到公司，就说明你十分重视这份工作。每天提前一点到达，可以对一天的工作做个规划，当别人还在考虑当天该做什么时，你已经走在别人前面了！

张希最初工作时，职务很低，现在已成为老板的左膀右臂。他之所以能如此快速升迁，秘密就在于“每天多做一点”。

他说：“在为老板工作之初，我就注意到，每天下班后，所有的人都回家了，但我们的老板仍然会留在办公室里继续工作到很晚。因此，我决定下班后也留在办公室里。是的，的确没有人要求我这样做，但我认为自己应该留下来，在需要时为老板提供一些帮助。”

“很快，老板就发现我随时在等待他的召唤，并且逐渐养成招呼我的习惯。”

张希主动留在办公室，使老板随时可以看到他，并且诚心诚意为公司服务。他这样做获得了额外的工资吗？没有。但是，他却获得了更多的机会，使自己赢得了老板的关注，最终获得了提升。

作为一名员工，你可以有自己远大的抱负，也可以有做大事的真知灼见，但是你首先得把自己的本职工作做好，并且全力以赴、尽可能地把它做得漂亮，这才是一个优秀员工必不可少的素质。

品牌就是自我营销

“推销”这个专业术语，不仅仅适用于推销产品和服务，同样也适用于展示自己和自己的专长。因而，我们要把自己预备好，才能学会如何来树立自己的品牌。

每个人都在不断地展示自己。无论你是谁，无论你多么有才华，当你遇见某人、向别人解释、和人通电话或是提出自己的观点时，你就在推销你所拥有的最宝贵的财富——你自己。如果你要找工作，你就要展示自己力求得到雇用。之后，你仍不能松懈，要继续展示自己以做好自己的工作。如果你去银行贷款，你必须向银行的工作人员展示自己来获得想要的贷款。老师传授展示自己的课程，律师向法官和陪审员展示自己客户的案子。

其实，只要是一个人说服另一个人同自己合作的任何形式的努力，都可以称作推销。然而，并非绝大多数努力都富有成效，这也是大多数人当不好推销员的原因。

如果你不能让别人跟你合作，为自己创造机会，那么你所受的教育、拥有的大学学位或是自己的才智，就不会给你带来很大的帮助。只有在你得到机会时，它们才能帮你获得最大的收益。但是，前提是你必须要先为自己创造机会，而要创造机会，你就必须推销你的产品、服务、理念、能力、专长和你自己。

每个人的一生，都可以视为一次长期、不间断的推销。推销的定义，并不是单一的，我们可以从多个角度来解读。

推销是通过让他人了解你的信念、产品或建议，使其产生拥有某种特权、机会，拥有某些物品或是某种利益的愿望的能力；推销是专业人士或公众人物通过向人们提供服务、协助和合作，让人们给予其报酬、对其加以认可和赞誉的能力；推销是员工通过完成自己的工作、履行职责以及为企业做出贡献等方式，使雇主因其表现想要给予其报酬、升迁的机会和赞赏的能力；推销是通过自己的礼貌、和蔼可亲和考虑周到的行为举止，使遇见自己的人敬重你、喜爱你的能力；推销是让别人愿意为你的创作、设计、绘画、发明创造、作曲或任何成就而衷心喝彩的能力。

除了以上这些定义，还有最重要的一条是：推销是一门艺术，它使他人产生动机，做出有利于推销者的行为。

无论从事什么工作，我们都是推销者，但并非每个人都能成为推销大师。而推销大师之所以能成为大师，是因为他们具有促使他人做出符合自己意图的行为，而不会与他们产生抵触和摩擦的能力。推销大师对于自己的目标有非常清楚的认识，他们知道如何制订计划来实现自己的目标，还会积极地把想法付诸行动。

只有影响和说服一群人，而不仅仅是某个人，才可算得上是真正的推销。能使一群人信服的能力，是一笔无价的资产，这笔资产尽管并不容易拥有，还是得努力去学习掌握。只有通过不断地学习、努力和练习，才有可能领悟这门艺术的真谛。

不论你是谁，或者你有多么的博学，如果不会推销自己，你就不会成功。你必须学会推销自己的服务，推销自己的知识，推销自己的人格魅力，总之，学会推销自己，才有可能马到功成。

如果你能掌握这些说服别人的基本原则，你就可以在今后的人生中成功地推销自己、跨越障碍、击败对手，驾驭和转化反对力量。

乔·吉拉德认为，推销的要点是：并非推销产品，而是推销自己。

很多年以前，他就养成一个习惯：只要碰到人，左手马上就会到口袋里去拿名片了。

“给你一个选择：你可以留着这张名片，也可以扔掉它。如果留下，你就知道我是干什么的、卖什么的，将细节全部掌握。”

吉拉德说：“如果你给别人名片时想，这是很愚蠢、很尴尬的事，那怎么能给得出去呢?”

他到处用名片在很多地方留下他的气息、他的足迹。每次付账时，他都不会忘记在账单里放上两张名片。去餐厅吃饭，他给的小费每次都比别人多一点，同时主动放上两张名片。因为给的小费比别人的多，所以人家肯定要看看这个人是做什么的，分享他成功的喜悦。人们在谈论他、想认识他，根据名片来买他的东西，经年累月，他靠这样做而获得了成功。

他甚至利用看体育比赛的机会来推销自己。他订了最好的座位，带去一万张名片。当人们为明星的出场而欢呼的时候，他把名片扔了出去。于是大家欢呼：那是乔·吉拉德——已经没有人注意那个明星了。

乔·吉拉德送名片并不只送一张，他知道，送一张名片是普通的做法。想一想，你接到的名片有多少，你还记得多少？他至少送给他见过的每个人两张名片。

著名成功学家陈安之说，在乔·吉拉德的一次演讲会上，他并没有去索要名片，但是，碰见他的人，都主动要送给他吉拉德的名片，不一会儿工夫，他手里就有五六张吉拉德的名片。吉拉德一周之内要送出一万张名片。他说，世界上最伟大的推销员，现在在卖名片。而他以此为荣。

有些人，他们怕丢面子，不好意思，每当谈到自己的时候，总是忸忸怩怩、羞羞答答，敢想而不敢说，甚至连想都不敢想，因为怕有人说他狂妄自大、骄傲自满。另外有一些人，他们自视清高，信奉什么“酒香不怕巷子深”的教条，以为自己是金子就一定会发光，但却忘了世界上有才能的人到处都是，“千里马常有，而伯乐不常有”。

其实，树立自己的品牌是时代发展的需要。如果在展示自己时，能做到实事求是，不卖弄也不夸张，恰如其分，谁会说你狂妄自大呢？即使你是千里马，如果你不跑上几圈，谁能知道你是千里马呢？成功学家卡耐基说：“不要怕推销自己，只要你认为自己有才华，你就有资格认为自己能担任这个或那个职务。”是的，卡耐基说得非常准确，只要你能正确地认识自己的才华，你就有资格向社会展示自己。只有勇于展示自己，才能为自己创造实现自己理想和人生价值的机会，才能为社会做出更多的贡献。

第四章
读懂“客户”的购买心理

无论是推销商品还是展示自我，盲目推销必定不会带来成果。无头苍蝇似的推销策略，不仅吃力不讨好，还很可能浪费精力，可谓赔了夫人又折兵。要成功确立自己的品牌，就要有的放矢，学会看懂客户的心理，并且让自己不断提升自我形象。

从留住客户的心开始

“顾客就是上帝”。如何留住顾客的心、深知顾客的喜好和消费习惯，是每个推销员都需要学习和知道的功课。深挖客户需求，就是要在与顾客的基本交往上，把其深层和潜在的消费需求成功挖掘出来，让客户的购买欲望或需求成为现实，再把握时机，及时销售。这不是一朝一夕的事，但只要能掌握这种能力，就能让自己的销售业绩有大幅度的提升。

有位商人到小镇去推销鱼缸，尽管鱼缸工艺精致、造型精巧，但几乎无人问津。于是，商人灵机一动，到花鸟市场买了500尾小金鱼，投到了穿镇而过的水渠上游里。水渠里有金鱼的消息马上就传遍了全镇，人们争先恐后涌到水渠边捕捉小金鱼。捕到小金鱼的人立刻兴高采烈地去买鱼缸，那些还没有捕到小金鱼的人也认为“既然渠里有了金鱼，鱼缸早晚能派上用场”，就这样，商人的鱼缸很快被抢购一空了。

对于小镇的人来说，“购买鱼缸”原来只是一种潜在需求，只有当条件和时机成熟，这种潜在需求才会转化为显性需求；而商人运用智慧激活了这种潜在需求，创造出了商机。

有家公司，新近开发了一款适合上班族戴的双环钻石戒指。虽然他们已经做了大量的宣传，但是消费者依然不买账，好多天下来，销售业绩却依然平平，这可把公司经理给急坏了。于是，他们请来了智囊团支招。在智囊团的策划下，该公司筹划了一次“请你试戴”的促销活动。其理论根据是，女性普遍爱美，少女尤甚，只要她们的这种心理被充分唤醒，就准能形成购买高潮。于是他们决定，凡年满 18 岁的女性都可以前来试戴钻戒，他们还进而许诺，谁能有幸成为“美感评选”中的前三名，谁就能从此免费成为这枚钻戒的主人。“试戴”一说并不新鲜，但荣获“美感评选”前三名的人将成为戒指的主人则是个极其“新鲜”的许诺。果然，此举使数不清的少女欣然前往，每天，前来试戴者络绎不绝，使公司门前靓女如云，热闹非凡。几天后，该戒指即被抢购一空。

策划前销售业绩平平，策划后销售呈“井喷”状态，商品还是那款商品，群体还是那类群体，为什么却有如此大的差别？这就是顾客的潜在意识被充分激发的结果。首先，爱美之心人皆有之，尤其是大多年轻女性，个性张扬、追求新潮；其次是有机会能够享受免费试戴，何乐而不为？

销售产品，就要先给顾客一个购买的理由。一位老太太来到第一个小贩的水果摊前，问道：“这李子怎么样？”如果小贩直接正面回答“我的李子又大又甜”等，直抒已见、就事论事，就会忽视顾客的感受和真实需求。对于这种比较感性的询问，是最容易回答也最容易让小贩发挥的话题。小贩可以先陈述产品的品种，然后再征询顾客的需求，当顾客提出购买酸李子的个性化需求时，主动引导则成交的可能性就会比较大。顾客购买产品的时候，要让他们享受购买过程的情景体验。如小贩针对酸李子，就有叫人流口水式的情景体验：“我这篮李子又酸又大，咬一口就流水，您要多少？”当老太太购买了酸李子之后，小贩就可以继续挖掘顾客的其他需求，了解老太太购买酸李子背后的需求，引导新需求。“我儿媳妇要生儿子，想吃酸的。”这才是顾客需求背后的真正秘密。然后小贩可以继续利用情感沟通迎合奶奶盼孙子的通常心理，真诚为老太太服务。

语言是一门艺术，每个人都可以通过努力成为语言的艺术大师，我们可以向幽默大师，诸如相声小品演员学习，也可通过自己的摸索和体验去自己总结，但是“他山之石可以攻玉”不可不说是一条真理，因为站在巨人的肩膀才能学得更快、看得更远。顾客购买产品是一种体验过程，愉快满足的购物体验会引导消费者再次到能产生这种体验的场所重复购物，这无论是对于企业产品还是对于商业场所来说，都是培养忠实消费者的重要过程。销售就是满足顾客的需求。如果顾客没有需求，那么也就不存在什么销售。发掘顾客的深层次需求则是销售人员必须经历的重要一环。销售人员了解顾客的需求至少要分两个层面，第一是直接层面的需求，如老太太需要的酸李子；第二层面的需求是潜在（深）层面的需求，也就是顾客需求背后的需求，如老太太买李子的真正目的是为了满足怀孕的儿媳。

销售的关键在于细节。“细节决定成败”，对于每天和客户打交道的销售人员来说，语言上的细节的确很重要，一单销售的达成往往决定于对语言细节的把握，同时也可以通过客户表现出来的诸多细节信息来判断客户的真实需求，从而真正达到挖掘出潜在客户的深层需求的目的。

一分钟搞懂顾客需求

近年来，商业竞争的重点已逐渐从以往的货源竞争转向客源竞争，如何争取消费者已成为能否在竞争中取胜的重点所在。而若想要成功地争取消费者，首先就必须深入研究消费者的心理，把顾客的消费心理搞懂。在这方面，古人已经为我们提供了成功的范例。

东晋时的王丞相刚到南京时，恰好是国库空虚之时，除了几千匹丝绢之外没余下多少银钱。为了筹集经费，他准备卖掉这几千匹丝绢，但问题是丝绢在市场上并不好销，价格也比较低廉，即使全部卖出去，也换不来多少钱。于是，王丞相就同诸位大臣商量，让大家都做一件丝绢单衣穿在身上。很快其他官员和读书人也都竞相模仿，把丝绢单衣穿在身上，以此为荣。市场上的丝绢销售行情迅速上涨，一时间大有“洛阳纸贵”的势头。王丞相的诀窍，就是利用人们在购买商品时从众的消费心理，不费吹灰之力就把丝绢以高价卖了出去，达到了自己的目的。

搞懂顾客的消费心理，知道消费者的购买力，是了解市场行情最基本的环节。那么，如何才能搞懂顾客的心理呢？要了解顾客，就要采用各种方式来了解顾客的内心想法，除了通过销售过程中与顾客的接触和对各种经营数据进行分析外，更要全力适应当今客流的竞争要求，采取调查方法，分别对潜在市场与有效市场和渗透市场以及消费者的评价、意见、建议等方面进行全方位的深入调查分析，了解顾客对商品品种、质量、价格以及购物环境和服务的期望和要求，获取足够的、有价值的信息。这样商家就能够通过对消费者获得比以往更多的了解，从而为自己赢得更多的主动权。

顾客的类型很多，但是一般来说，他们能被分为几个典型。视觉型的顾客受外界的影响比较大，对环境的变化比较敏感，他看到店铺的环境布置较合心意，就有购物的欲望，见到打折让利的海报，就会有购物的冲动，销售员一旦主动推荐，就会做出购买行动。听觉型的顾客对文字和语言的理解能力比较强，容易产生联想，对于这样的顾客，销售员只要多描述产品使用时的体验、使用后的效果和长时间使用会带来的天壤之别，着重突出实用又时尚的感觉，顾客通常就会愉快地照单全收。触觉型的顾客对环境变化以及语言触动都不敏感，必须得看到实物以后才能有感觉，还要经过亲身体验以后，才能做出买与不买的选择，这样的顾客需要体验产品来感知使用效果，体验以后，看到使用前后的差异效果时，能让他们更容易作出购买决定。不知不觉型的顾客对什么都抱着一副无所谓的态度，让利打折、赠送、抽奖，统统都与自己无关，依然我行我素，按照自己的习惯生活，不受外界左右，购买使用十几年以前的甚至已经退市的产品，对于这样的顾客，应该表示理解，不应该强硬推销，这样反而会造成逆反心理，应该顺其自然，要是能吸引到他们的注意后再顺水推舟，迎合他们的期望和口味，才能把产品推销给他们。

不同年龄的顾客，自然有不同的消费特征与不同的消费心理。有些 20 岁左右的年轻人，其消费习惯很多时候是跟着广告和感觉走的，广告产品是他们的首选，他们容易受赠品的影响而选择自己不熟悉的品牌，也会为了得到喜欢的赠品而放弃原来使用的品牌另择新欢，对于年轻人，应该要多在赠品方面做文章；有些 30 岁左右的工薪阶层特别注重实际和看重产品质量，比较相信成熟品牌或者地方名牌等；有些 40 岁左右的女性比较担心衰老，只要产品效果好，就可以不惜代价购买，是比较昂贵品牌的主要消费群体；50 岁左右的女性，青春不再，她们已经接受面对衰老的现实，消费理念开始逐渐回归到实用性的消费基本层面。这种观点，是一部分消费群体的基本特征，也并非是放之四海皆准的。要弄懂顾客的心理，还是应该对症下药，要随时观察、多加分析、善于发现，才能弄懂吃透顾客心中所想，成功地把自己的商品推销出去。

你必须有自己的品牌

拥有自己的品牌，是每一个工作者都得具备的条件和拥有的底牌。“自信绝活”，并不是指让自己骄傲自大、沾沾自喜的伎俩，只在形容自己的强项，是不是比别人更好，其实不一定，但也不是重点，但它绝对是自己最自信、最有把握的事。每一个人都应该自我审视一下：我拥有超乎常人，让自己自信、自豪、永远可依赖的自信绝活吗？

拥有一种无可取代的专长，是每一个工作者必备的生存要诀。这个专长不仅仅是要会，而且是要最佳、最好，没人比得上你，在关键的时候把专长做到位。

拥有自信绝活的人，是团队中不可或缺的核心工作者，这些人带动团队成长，被人依赖、被人仰望、被人尊敬。

在公司中征选新人的时候，求职的人有时会被问道：“你有什么特殊的技能或专长？”大多数应征者都说不上来。就算回答了，也禁不起再三的确认，因为通常别人要的答案需要非常的专业，而且较诸一般人而言要更深入、在行，为常人所不及的专业，必须是个人拿手的绝活，只要绝活出手，就能让四方臣服。

当征选新人时，什么人能被采用？当然是有独特技能的人，而这种能力又恰恰是公司需要的人；当公司要升迁一个主管时，要升谁？当然是那个拥有自信而条件又恰恰是当主管时会用得着的能力的人。

顾女士原本是个体户，在本镇开了个小杂货店，可是她一直以来都想把自己的店铺关了，重新找一份工作。与其交谈片刻后，专家发现她外向、热情，可能是因为从事了数年的个体销售工作，与人交流能力很强，很有亲和力，头脑灵活，思维清晰。从她的言谈中，专家发现了她选择放弃开店而另寻工作的原因：第一，现在的超市便利店越来越多，人们也开始注重商品的质量，对个体户出售的商品质量会有所怀疑，导致一些个体商铺生意不尽如人意，纷纷转行；第二，虽然开小杂货店不比在企业上班要遵守严格的上下班制度，可实际上自己开店很辛苦，一个人一年忙到头，要进货、理货、盘点，连做饭吃饭的时间都很紧，只能吃些准备好的冷饭冷菜，或者方便面、饼干类的干粮食品，常年下来没有正常规律的饮食，影响身体健康。

她正确地认清了就业形势，了解了自身优点，确定了求职方向，并决定从事食品销售类工作。

由于她比较喜欢从事销售工作，所以就参加了营业员的上岗培训。如果她持有了营业员上岗证，再加上她本来就具备的个体销售经验，这样，应聘成功的概率会更高。最后，她成功找到了颇为理想的工作。

通过这个案例我们可以发现，其实在每一个人身上，都有自己的闪光点，学会充分挖掘自身优势，并加以发展，才能让自己有独特的闪光点，才能提升自己的价值。

其实最没把握的人，就是那种“五育并重”，所有事都会，但所有事都不精的人。通常这种人的影像最模糊，你不会对他们留下任何印象，在团队中可有可无，就好像每一个人都如此，但少一个、多一个也无妨。

不幸的是，大多数的工作者都是这种影像模糊、缺乏自信绝活的人。他们占人数的80%，却只作了20%的贡献。如何创造、培养自己的自信绝活，是一个人成功的关键。

对公司最忠诚；工作态度最严谨、最稳当、最可靠、最积极；可塑性最高、学习能力最强；在组织中人缘最好、合作性最佳。任何一种长处都是明显的优点，都可以成为在团队中胜出的关键，前提是特色要够明确，为人人所称道。

自己的独特绝活，可以是财务的专长、营销的专长、企划的专长，等等；也可以是一种能力，比如计算机、语言、沟通、公关、广告等；甚至也可以是一种嗜好，譬如高尔夫、网球、钓鱼、登山、围棋、美食、旅行；技术与能力是工作上明确有用的专长，而嗜好则证明一个人多才多艺而有趣，是个性格鲜明、举止出众、特立独行的人。

有心而长期稳定地培育、学习、追求，则是培养自信绝活不可或缺的方法。有的人在几年之间，很快能变成某一领域的专家，就证明了自信绝活并非天生拥有，而是每一个人按照自己的兴趣、专长，长期不断地努力学习、追求而来的。

抓住稍纵即逝的机会

所谓机会，很有可能转瞬即逝，也有可能让人难以察觉，要好好把握，就要提高对机遇的感知能力和警惕能力，以求让机会不轻易从手中溜走。

应聘者小王，计算机本科毕业，专业知识很是过硬，总想找到一家好的、有发展前途的企业，面试了几家，到了最后，反倒是他把这几家公司淘汰了。就这样，他一连晃了几个月，工作一直没有着落，还没等他反应过来，就赶上了金融危机对就业的冲击波。他投了简历，但甚至连面试通知都收不到，这才慌了神，通过各种渠道投出了200多份简历，只有3家公司给予了他面试机会。他感慨道："算了一下，发出简历和得到反馈的比率连2%都不到，现在找工作真的是太难了！"

对于应聘者突然被"放鸽子"和求职难的情况，大部分人认为是由目前的就业行情不好而造成的。许多求职者所在的公司业务受到国际金融危机影响，大多数都取消了招人计划，甚至还有很多公司对外宣称，以减产、降薪、裁员等方式来化解金融海啸带来的经营风险。在当前的金融危机之下，失业人数日益增多，请求加薪或转型、跳槽的打算是否还能实现呢？可曾想过应该如何保住自己当下的工作机会、如何让自己的职业生涯获得更好的发展呢？

即便失业，你想了解怎样可以快速找到适合自己的新工作吗？

其实，无论在何种情况下，把握机会都是重点要学习的功课。在特殊情况下，危险处处都有，更要懂得怎样抓住机遇，让自己脱颖而出、奇货可居。

要抓住机遇，就要多在平时的方方面面细心留意，每一方面都要做好。首先，要找准自己的兴趣所在。兴趣就是最好的老师，在步入职场之前，不妨先仔细审视自己的兴趣和优势所在，然后设定具体的实施计划，不打无准备之仗。如此，做起事来就宛如脚下生风，结果也往往能令上司满意。

其次，要展现自己的潜能，永远使你的工作业绩保持“一流”水平，关键时刻替公司做牺牲，让周围的人和上司认识到你的潜能，而且确认你在某些方面是不可比拟、无可替代的，也让老板对你放心。

接下来，你应学习从细节做起。没有一个上司喜欢下属正好踩着铃声踏进办公室，手里还抓着没来得及吃的早点，也没有一个上司会喜欢下属把文案页码前后颠倒。所以应该时刻检点自己，从点滴做起，为自己树立稳重、严谨的形象。

作为下属，更要当断则断，不是所有的事情都得遵循“早请示、晚汇报”的原则，对一些小问题不妨自作主张，但记着一定要把结果汇报给上司。如果事无巨细，都向领导请示，领导就会认为你缺乏独立办事的能力，久而久之便会对你失去信心，提升机会将与你擦肩而过。

证明自己的附加价值，要有升职本钱，就必须证明自己对公司是有价值的。其中最有力的证明，就是为公司赚钱或省钱的能力，你应该把那些替公司省了一大笔钱的策划、建议或有利于解决难题的信函、传真，总之是你参与的都留一份存档，当然，这份“荣誉文件夹”里面还包括你受过的一些嘉奖及被赞誉的文字资料。这些都能证明你的工作能力，而且都是真凭实据。

想要抓住机遇，还要勇于面对改变，操练你的应变能力，做到一专多能，勇于汲取新鲜经验。在哪个岗位上都能发光，就说明你有应变的能力，这也是被提升的重要资本。

其次，还应抓住创见，捕捉随时从身边溜走的灵感。因为你吃早餐时偶然的一个琐碎奇想，可能就是一个“创见”。成功者之所以成功，就在于抓住了“创见”，并把它变成了现实。

最后，还得要有亲和力加团队精神，能和同事及上司坦诚、直接地沟通、融洽地合作。在团队中，如果你能尽量与合作者合作得更愉快，你就可能会有更好的发展机会。

把握时机，就是要在机遇来到自己面前时懂得分辨，并能立即出手，不让它溜走。只有把握了时机，才能让自己在生活中能更接近自己的目标，从而让自己的价值逐渐升高。所谓“奇货可居”，就是一个人的硬件、软件都很好，是“抢手货”，要达到理想的状态，就不能懒散怠惰，要随时随地警醒自己，把机会紧紧握在手里不放。

将自己的品牌放大

今天的社会是商业社会，更是一个发展变动着的社会，许多职业和岗位会随着社会的进步而不断消失，退出历史舞台，同时，许多新的工作机会也会不断地诞生。每位求职者都应该清醒地认识到，一生当中你将面临多次求职，不可能每次的岗位变动都是非常顺利的，一定会碰到这样或那样的困难和问题。在美国，平均每个工作者一生要有 8 次求职。统计数据表明，当求职者经历了第一次失败以后，只有 10%以上的人会因此对自己的求职能力产生怀疑；当求职者经历了三次或更多次的求职失败以后，90%以上的人会产生自卑心理，从而怀疑自己的能力。

很显然，如今不少求职者之所以“求职无门”，其根本原因就在于他们把自己能否得到工作、能否上班的希望过多地寄托在“求”字上，而却忘记了应聘中真正关键的因素：放大自己的优势。

能在众多求职者当中脱颖而出的人，永远都是“先谋而后求”的人。这种“谋”，首先来源于自信。当他们面对失败时，总是会对自己说：“我并没有失败，只是还没有成功而已。”其次，是知己知彼。这就要求在求职时认真分析自身和用人单位的情况，努力做到有的放矢。再者，大多数时候，“谋”

只是一种临场的智慧发挥。

嵇绍是魏晋之际“竹林七贤”之一嵇康的儿子，他身材魁伟、英俊聪明，在同伴当中非常突出。晋惠帝时，嵇绍官为侍中。当时皇族争权夺利，互相攻杀，史称为“八王之乱”。嵇绍对皇帝忠贞不贰，贯彻始终。有一次都城发生叛乱，嵇绍见形势险峻，奋不顾身奔进宫去。守卫宫门的侍卫拈弓搭箭，准备射他，但侍卫官望见嵇绍正气凛然的神情，连忙阻止侍卫，并把弓上的箭抢了下来。不久京城又发生叛乱，嵇绍跟随晋惠帝，出兵迎战于汤阳，不幸战败，将士死伤逃亡无数，只有嵇绍始终保护着惠帝，不离左右。敌方的飞箭像雨点般射过来，嵇绍身中数箭，鲜血直流，滴在了惠帝的御袍上。就这样，嵇绍阵亡了。事后，惠帝的侍从要洗去御袍上的血迹，惠帝说：“别洗别洗，这是嵇侍中的血啊！”还有一次，当嵇绍在世时，有人对王戎说：“昨天在众人中见到嵇绍，气宇轩昂如同野鹤立鸡群之中。”后来，“鹤立鸡群”一词就用来比喻一个人的仪表或才能在周围一群人里显得很突出。

某家企业在招聘推销员时，人事经理还没有开始招聘，便公示说“电梯坏了”，结果大部分人不是待在一楼等电梯修好，就是走到一半就停下来了，只有少数的几位应聘者从一楼走到32楼，而这几位求职者最后都被该公司聘用了。

在求职过程中，消极的人总会说：为什么要求要有工作经验？为什么不给我面试的机会？为什么不选择我？为什么失败的总是我？而积极的人却会告诉自己：我会成功的，我一定能找到方法去解决这个问题，我一定能克服这些障碍，我一定能说服招聘官。

其实，有意识地把某种成功的图景建立在自己的头脑中，就是一种自我激励。在现实中，我们可以发现有很多人，尤其是刚刚毕业的大学生，当求职遇到很多挫折、遇到很多歧视的时候，无法在自己的内心深处给自己以支持，请记住，你放弃之时，就是你彻底失败之时。只有不断努力去激励自我、去行动，才有可能获得自己所期望的。当头脑中消极与积极斗争时，你要立即把自我激励用上，以战胜消极，并尽量给自己一种心理想象，让自己成功应聘某岗位时的情景成为自己的期望和动力。

自我激励是一种强大的自我改善的工具。在一个案例中，有半年多没有找到工作的一个女孩子，精神已经濒临崩溃的边缘，专家让她每天早上起床时进行自我激励，大声告诉自己失败只是暂时的，问题终会有解决的一天。结果当她真的这样做后，发现自己的精神面貌完全改变了。很多时候，我们在求职、跳槽和职业发展过程中，失败并不是因为能力或技巧不足，而是没有内在的精神力量支持自己，让自己敢于面对失败、勇于迎接挑战。当我们每天都用积极的图景激励自己时，我们的正面情绪就会被充分调动起来，这种情绪将让我们的自信和抗挫折能力大大增强，那么，用内心深处的精神力量支持的我们，也最终能战胜自我后再克服外部障碍，让自己成功发展。

我们经常说，精诚所至，金石为开，但在现实生活中，人缺乏的往往就是这种执着。在求职的过程中，当你表现出勇敢执着、不怕挫折的可贵品质以后，一定会有招聘官对你欣赏、对你敬佩。他们一旦对你产生了敬佩和尊重之情，那么你获得一个初级的工作岗位，就是一件不难的事了。实际上，不仅是在求职中，在企业的业务往来和销售过程当中，拥有执着和顽强精神，都是让人敬佩和尊重的品质。

在现实中，关于求职者因发扬自身优势而得到了别人梦寐以求的工作和岗位的故事实在是不少。他们之所以能成功，不在于他们读了多少书，也不在于他们求了多少次职，而在于他们从来不被“失败”所击败，不让失败牵着鼻子走。失败了重来，是他们的做事哲学。在求职中，无论遭到了怎样的挫折，他们都明白，成功的诀窍就在自己的身上，也许是一个异乎寻常的微笑，也许是一个与众不同的举手或投足。

第五章
树立自我品牌就是树立正确态度

推销能力固然重要，但其实态度才是推销能否成功的重要前提。无论推销实力有多么强大，如果态度不好，仍然会被拒之门外。拥有正确的态度，可以说是推销成功的必要条件和必不可少的催化剂。对内对外，无论是对自己，还是对顾客，都要有准确的认识，再以正确的态度来对待，从最基本的事情开始做起，这样有了态度，再以能力来赢得顾客和对手，就可无往而不利了。

诚信是道德的核心

“诚信”包括“诚实”与“守信”两方面的内涵。诚信不但是推销的道德，也是做人的准则，它历来是人类道德的重要组成部分，在我们的日常销售工作中也发挥着相当程度的影响力。实际上，向客户推销你的产品，就是向客户推销你的诚信。

据美国纽约销售联谊会统计。70%的人之所以从你那儿购买产品，是因为他们喜欢你、信任你和尊敬你。因此，要使交易成功，诚信不但是最好的策略，而且是唯一的策略。

赫克金法则源于美国营销专家赫克金的一句名言：“要当一名好的销售人员，首先要做一个好人。”这就是赫克金所强调的营销中的诚信法则。美国的一项销售人员的调查表明，优秀销售人员的业绩是普通销售人员业绩的 300 倍的真正原因与长相无关，与年龄大小无关，也和性格内向及外向无关。其得出的结论是，真正高超的销售技巧是如何做人，如何做一个诚信之人。

“小企业做事，大企业做人”讲的也是同样的道理，要想使大部分客户接受你，做个诚实守信之人才是成功的根本。

在推销过程中，如果失去了信用，也许一笔大买卖就会泡汤。信用有小信用和大信用之分，大信用固然重要，却是由许多小信用积累而成的。有时候，守了一辈子信用，只因失去一个小信用而使唾手可得的生意泡汤。推销高手们是最讲信用的，有一说一、实事求是，言必信、行必果，对顾客以信用为先，以品行为本，使顾客信赖，使用户放心地同他做交易。

对于一个销售人员来讲，顾客就是上帝，顾客有权拒绝。然而，当优秀的销售人员带着不错的产品，一次次真诚地拜访时，最终总能赢得顾客的青睐。产品不是万能的，任何产品都有它起作用的范围和无法起作用的范围。这是一个基本常识。但是，在某些销售人员看来，他们的产品就是万能的，他们向客户介绍产品时，恣意夸大产品的性能，这无疑为他们日后的推销工作带来了隐患。

有一位成功的销售人员，每次登门推销总是随身带着闹钟。交谈一开始，他便说："我打扰您 10 分钟。"然后将闹钟调到 10 分钟的时间，时间一到闹钟便自动发出声响，这时他便起身告辞："对不起，10 分钟到了，我该告辞了。"如果双方商谈顺利，对方会建议继续下去，那么，他便说："那好，我再打扰您 10 分钟。"于是闹钟又调到了 10 分钟。

大部分客户第一次听到闹钟的声音，很是惊讶，他便和气地解释："对不起，是闹钟声，我说好只打扰您 10 分钟的，现在时间到了。"客户对此的反应因人而异，绝大部分人说："嗯，你这个人真守信。"也有人会说："咳，你这人真死脑筋，再谈会儿吧！"

销售人员最重要的是要赢得客户的信赖，但不管采用何种方法，都得从一些微不足道的小事做起，守时就是其中一种。这是用小小的信用来赢得客户的大信任，因为你开始答应会谈 10 分钟，时间一到便告辞，就表示你百分百地信守诺言。

在当今竞争日趋激烈的市场条件下，信誉已成为竞争制胜的极其重要的条件和手段。唯有守信，才能为销售人员赢得信誉，谁赢得了信誉，谁就能在市场上立于不败之地；谁损害或葬送了信誉，谁就要被市场所淘汰。销售人员要从每一个细节表现你的真诚，以此告诉顾客：我是个诚信之人。

诚实守信、以诚相待，是所有推销学上最有效、最高明、最实际也是最长久的方法，林肯曾经说过，一个人可能在所有的时间欺骗某些人，也可能在某些时间欺骗所有的人，但不可能在所有的时间欺骗所有的人。对于销售人员来说，道理也同样如此，在一个信息传播日益迅速的市场环境下，销售人员的小手段、小聪明是很容易被看破的，即便偶尔取得成功，这种成功也是相当短暂的。要想赢得客户，诚信才是永久的、实在的办法。

那么，销售人员如何训练并且表现自己的真诚呢？下面是一些有用的秘诀，它们有助于你成功推销自己。

1. 不夸大事实。有些人吹牛吹得没有分寸，歪曲了事实。更可悲的是，时间一久，这些人也相信自己所夸大的事实了。因此，不要绕着事实恶作剧。不要在它的边缘兜圈子，更不要歪曲或渲染它。

2. 三思而后言。这点其实是很容易做到的。也许你讲话过快，以至于中心意思不够突出。或者你表达能力较差，无法有序表达自己的观点，这都不要紧，只要耐心等待，直到自己的声带与大脑完全合拍，这样你再开口则基本不会出现任何问题了。

3. 用宽容调和矛盾。矛盾常常是尖锐的，但仍然要说出来。“不过”——

这个“不过”不是表示可以说谎，它只是表示要缓和事实，使它不致伤害一个人的情感，要说真话，但要避免使对方感到困窘。

4. 别为他人做掩护。有时候，你可能会遇到别人要求你为他说谎，或为他们掩饰实情。要记住，你不可以这样做。

当然，你自己在出现错误的时候，也不能要求别人替你说谎掩饰，正所谓“己所不欲，勿施于人”。

朝着预定的目标前行

我们常说，人生立志。古人对“志”的解释，是认为“心之所指曰志”，也就是指人的思想发展趋向，也就是你的目标。当代汉语对“志向”一词是这样解释的：“未来的理想以及实现这一理想的决心。”理解了“志”的含义后，我们对“立志”的含义就很好理解了。所谓立志，就是立下未来的人生理想，确定自己努力的方向。

在人的一生中，除了年幼无知的童年时期外，其他每个不同的成长与发展阶段都与立志有很大的关系。简言之，青少年求学阶段，尤其是大学时期，是人生志向的确立时期；中年工作阶段，是人生志向的实现时期；老年休息阶段，是对人生志向的回顾与检查时期。由此看来，立志、确定目标是人生各个时期中不可或缺的事。这值得我们每个人深思。

一个没有目标的人就像一艘没有舵的船，永远漂流不定，只会到达失望、失败和丧气的海滩。成功者总是那些有目标的人，鲜花和荣誉从来不会降临到那些像无头苍蝇一样在人生之旅中四处碰壁的人头上。

但凡成功的人，一定都有明确的奋斗目标，他们懂得自己活着是为了什么。他们会尽自己所有力量，向既定的目标前进，他知道自己怎样做是正确的、有用的。有了明确的奋斗目标，也就产生了前进的动力。因而目标不仅是奋斗的方向，更是一种对自己的鞭策。有了目标，就有了热情、有了积极性、有了使命感和成就感。有明确目标的人，会感到自己心里很踏实，生活得很充实，注意力也会神奇地集中起来，不再被许多繁杂的事所干扰，干什么事都显得成竹在胸。

琼·菲特说："信心和理想乃是我们追求幸福和进步的最强大推动力。"

任何一个顶尖的销售人员都有一个明确的目标导向，一个没有明确目标导向的销售人员自然无从奢谈缔造辉煌了，最终的结果就是失败。没有目标而导致失败的人，远远多过没有才能而失败的人，人与人之间根本的差别并不是天赋、机遇，而在于有无目标。所谓成功，就是实现既定的目标。所以，销售人员成功的第一步，从设立目标开始。

有一家医药企业，在该地区的销售业绩最好，新上任的省区经理利用一年时间，将市场从公司销售排名第七提升到现在第一的位置。问及市场成功的经验时，省区经理只说了一句话："高目标和高起点。" 他解释道："我的目标就是要做到区域市场第一，所以我开发的医院和专家都是最好的，因此，市场销售业绩在短时间内得到快速的提升。"目前他的收入和销售业绩较差的区域经理相差十几倍，这不能说明他比销售业绩差的区域经理聪明十几倍，绝对不是，而是目标决定了成功的高度，决定了最终的成果。

现代科学表明，人的资质相差不多，人之间的差异也是多数在后天造成的。想想看，你的那些同学们，毕业时大家起点一样，而过了 5 年、10 年、15 年后，同学再聚会时，你会发现大家各不相同，有的人开着奔驰、宝马，而有的人骑着自行车，大家的差距由此可见。你能认为同学之间的智力差距就真差那么多吗？并非如此！人生成功的关键就是目标的确立。

没有目标的人生，就像一艘无人驾驶的小舟，漫无目的地随风飘荡。确立了目标的人，在与人竞争时，就等于已经赢了一半。确立目标是成功的起点，所以，以业绩为导向、用数字说话的销售行业，销售人员必须认识“确立目标”的重要性，锁定目标，全力以赴，成功不会遥远。

务实才能做到高效

营销人员更多的是天天在外面跑，所以他们的脚下功夫应该是最扎实的。特别是一个营销人员到一个陌生的地方找客户，需要地毯式地排查客户，如果说借助交通工具的话，效果会大打折扣，因为走着看到的才是最真实的，坐在车上只能是走马观花，就好像水中捞月！另外，用脚走出来的更能直接地测量出一个地方到另一个地方的消耗时间，以便你下一次能准确地安排自己的时间，做到效率、效果至上！

在某公司，有一个非常成功的推销员。他的推销业绩是一般人的数倍，有鹤立鸡群之感，即便是其他称得上成功的推销员，和他比起来也只是小巫见大巫，只能望其项背。无论这些人怎么努力，和他比起来成绩还是相去甚远。于是，关于这名最成功的推销员的成功秘诀，便成了所有推销员最渴望了解的秘密。

终于，这名推销员光荣退休了。这个时候，很多推销员主动找上门来，希望他能将自己成功的秘诀告诉大家。

看到来人越来越多，应接不暇，这位推销员便向外宣告，将在几天后的晚上 7 点，在某大型礼堂向众人公开自己成功的秘诀。这个消息传出后，所有的推销员都非常兴奋。到了那天，离晚上7点还差一个多小时，大礼堂就已经是人山人海，挤得水泄不通。除了本公司的所有推销员外，还有许多其他公司的推销员也跑过来分享。

在大礼堂前面的舞台上，竖起来一个高高的铁架子，上面有一条粗大的钢索，下面坠着一个硕大的铁球。人们看了，不知道是做什么用的，也感觉与推销成功与否无关，便没有特别留意，只等着老推销员出来讲解秘诀。

等待的时间往往都是漫长的，于是，这些推销员们从一开始时安静地等待，到后来就演变成了三五成群地在聊天、叙旧，且声音越来越大。礼堂里十分喧嚣，好不热闹。7点钟到了，出乎大家意料的是，老推销员并没有按时到场。起初大家并没有感到怎样，以为老推销员遇到了诸如塞车什么意外情况，要迟到一会儿。反正就能听到成功的推销秘诀了，不在乎多等这么一会儿，于是，大家一边继续聊天，一边等待老推销员到来。

又过了一个小时，老推销员依然没有到场，而且也没有什么消息传来。大家有些坐不住了，彼此间也不再是谈天说地了，而是指责老推销员不守约、不厚道，让大家等这么久也不出现。而且，许多人都不好好坐着了，有的来回乱走，有的坐在椅子靠背上，说话的声音越来越大，礼堂内有些混乱。甚至有些急性子的人认为老推销员不会来了，便早早离开了。

在接下来的一个小时里，大礼堂里的人们依然乱哄哄地说话，一些人正陆陆续续地离开，到了晚上9点的时候，礼堂内已经走了1/3的人。这个时候，礼堂前面的舞台上忽然走上来一个老者，穿着笔挺的西装，头发梳得整整齐齐，精神矍铄，步伐矫健。此人，正是人们期待已久的那位老推销员。

看到他终于出场了，礼堂里马上安静下来。大家慌忙掏出纸笔，齐刷刷地坐好，准备聆听老推销员讲授秘诀并做好笔记。

再一次出乎大家意料的是老推销员接下来的举动。他上台后并不说一句话，甚至连台下的听众都没看一眼，便径直走到那个铁架子下面，从口袋内掏出一只小锤子，在悬着的大铁球上敲起来。令大家感到最不可思议的是，老人家手里握着的那把小锤子，是那种修理精密仪器、锤头只有不足一厘米大的专用袖珍小锤子。用这么小的锤子要想敲动那个大铁球，简直是异想天开的事情。

老推销员在台上不紧不慢，按着自己的频率和节奏敲击着那只大铁球。台下的人都聚精会神地看着，不知道他此举何意。准确地说，大家都在期待着老推销员忙完自己的事情后，讲述他成功的秘诀。当一个小时过去后，大家的心情由期待的喜悦变成了枯燥乏味，发现自己的愿望落空了。老推销员根本就没有理会台下这些热情的期待者的意思，依旧按照自己的节奏和频率在用那只小锤子敲击那个大铁球。于是，会场便不再是安安静静的了，一些人已经开始小声议论起来。到后来，参与议论的人越来越多，越来越肆无忌惮，声音也越来越大，整个礼堂又变得乱哄哄了。而那个老者，似乎对台下的变化置若罔闻，依然我行我素，专注地做着自己的事情，

在此期间，又有一些人感到不耐烦而陆续走掉了，礼堂内只剩下不足1/3的人。这些人抱定了一个目的，就是要看看这个老推销员“葫芦里到底卖的什么药”。然而，又过了好久，台上的景象似乎并没有什么改观，又有许多人失望地走掉了。整个礼堂里的人，只剩下刚开始的不足1/10。这些人无精打采地坐着，连说话都感觉没意思了，有的人甚至打起盹来。大家

就这样在座位上蜷缩着，心里想，反正已经等了这么长时间了，不走了，一定要等下去，坚持到底，就这样耗下去，看看这个老推销员到底要耍什么“花招”。

午夜过后，细心的人发现，在老推销员不断地敲击下，那个大铁球已经开始稍稍有些晃动了。大家立马有了一些精神，开始集中精力观看推销员的敲击。而那老人依旧按着自己的节奏和频率在敲打，与刚开始时没有什么两样。

随着时间的慢慢推移，在老人不停顿地敲击下，那个大铁球摆动的幅度越来越大。老推销员不动声色，依旧按部就班地做着自己的事情，到最后，那个大铁球剧烈摇摆起来，而且，每一次剧烈的摆动，都带着“呼呼”的风声，显然冲击力是相当大的。台下的人们已经毫无困意，挺直了身子，瞪大了眼睛都看呆了。

这个时候，老推销员终于停止了手里的动作，将小铁锤收起来放进口袋，然后走到台前，对大家说：“现在谁能将它停下来?”

大铁球摇摆的力量是特别巨大的，要想以一个人的力量阻止它摇摆肯定是不可能的。大家听了老推销员的话，都纷纷摇头，表示自己不可能做到。老推销员接着说：“耐心、恒心加毅力，积累到一定程度，想不成功都难。这，就是我成功的秘诀!”

其实，这个道理不仅仅适用于搞推销，做其他的工作也是一样的；不仅仅适用于普通的员工，作为企业的领导者也是如此。我们有很多的成语典故，诸如滴水穿石、铁杵磨针、厚积薄发、聚沙成塔等，都说明了这个道理。而与之对立的，便是拔苗助长的急功近利。做不到踏踏实实、一步一个脚印，便会心生魔障，在行动上走弯路，在人生的印记上书写败笔。

营销人员的这些浮躁病，在每个时期都会体现出来，因为我们太期待别人那种欣赏的眼光了！但是，我们只有让自己的内力更雄厚，才能在营销这个行业真正做到游刃有余！否则，急功近利的事只能让你离成功越来越远，没有捷径就是最好的直线，所以每一个做营销的人都必须随时发现自己的不足以便成长！做一名务实的营销人就是势在必行的事，否则我们拿什么和别人竞争？

树立自我品牌的要素——自信

自信不能停留在想象上，要成为自信者，就要像自信者一样去行动。我们在生活中自信地讲了话，自信地做了事，我们的自信就能真正确立起来。面对社会环境，我们每一个自信的表情、自信的手势、自信的言语都能真正在心中培养起我们的自信。

广义地讲，自信本身就是一种积极性，自信就是在自我评价上的积极态度，是自我评价的积极心态。狭义地讲，自信是与积极密切相关的事情。没有自信的积极，是软弱的、不彻底的、低级的、低效的积极。

当一个人很努力地学习时，这叫积极。可是，如果他一边学习，一边对自己的学习不自信，这种积极是软弱的、不彻底的、低效的、低级的。一边刻苦一边自卑，一边刻苦一边对自己怀疑，一边刻苦努力，付出很大代价，可一边老是不自信，这种积极有点费力不讨好。因此，把下面这些格言送给大家，把它们输入到你的潜意识中，成为在你心中终生发挥作用的一些法则。

人人都有巨大的潜能，最通俗的科学分析表明，我们的大脑仅被使用了10%。而根据一些学者的研究与体验，发现人对大脑潜力的利用还远不到

10%。大脑有着巨大的潜力。

科学家会告诉你们，一个人大脑的容量，如果拿计算机来比喻，把我们人类现在制造出的最先进的电子计算机加在一起，都不及人的大脑。这不是开玩笑。

自信是开发自己潜能的一个前提，不自信者不能开发这个潜能。

很多成功者的体会是，他们做成的每一件事情，都有自信这个因素在起作用，都有自信这个必要的条件。

一位著名心理学家曾说："信心是成功的精神支柱，对智力的发挥起调节作用。"高考也是心理战，心理调节至关重要，越接近高考，心理调整也越重要。如果说平时的知识储备是高考成功必不可少的硬件，良好的心态则是高考成功必不可少的软件。不错，信心的基础是实力，但对知识临场发挥得如何，主要取决于有无良好的心态。许多不幸都是从看不起自己、不相信自己开始的。莎士比亚说得好："自信是走向成功的第一步，缺乏自信即是其失败的原因。"

人们回忆起自己做成的事情，特别是比较困难的事情、比较重大的事情，发现里面一定都有自信心在支撑着。因为常常在有的时候，成和不成只差一点。

好比两个队伍拔河，势均力敌，拔了半天两边都坚持着不动，谁也拔不过谁。这时候，只要有一边稍微心齐一点，或者有一边力量涣散一点，脚一滑，胜负立刻显示出来。而且显示的结果是，一边是溃不成军，一边是大获全胜。

天下做很多事情都是这样，成功和失败就在一个分寸上。你差一点点力量就不能成功。这时候，有没有自信其实是决定成败的一念之差。

所以，大家一定要特别重视自信法则，它对于你今天的学习、明天的工作乃至整个人生都是非常重要的。要成为一个成功的人，就要从现在开始培养自己十足的自信心。

热情让“顾客”对你“一见钟情”

影响比说服更重要，客户不看你说什么，而是看你做什么，你的身体已经告诉他所要的信息。通过你的姿势、神态、表情、目光、进门的仪态、告别的姿势，等等，你已经用无声的、丰富的语言在告诉人们你是谁、你有什么样的心态。身体语言揭示人的内在世界，比语言表达得更真实、更可信。也许你还没有意识到你的每一个动作会有这么大的影响，但是不要忘了，每个观察你的人都是心理学家，他们会时刻、准确地分析你的每一个动作，正如我们每时每刻在分析别人一样。

为了让自己出门推销前能达到巅峰状态，每一次我都问自己：“如果以 0 到 10 分为标准，我现在去见客户，我的状态是几分？”如果仅仅为 7~8 分，我就会想出一切办法让自己达到 10 分以上的状态，因为我深深懂得：只有我自己达到 10 分以上的状态，才能影响到客户。销售是信心的传递和情感的转移，客户会通过我们的状态热情与否，判断产品是否真的对他有帮助。要想销售成功，先要有巅峰的状态，状态往往决定最后的结果。

没有热情你会打动谁？人的情绪是会被感染的，你快乐，所以我快乐。如果你没有热情，你就不能打动客户，销售业绩必然难以提升。人们喜欢改变他们情绪状态的人。与客户打交道，你应该处于一种兴奋的状态，以使你的行动也变得让人愉快。你需要将每个销售机会都当作一顿客户很想品尝的大餐。你要让他们变得如此的兴奋，以至于客户内心的每一个细胞都在认同你。你要让自己的每次销售都令人愉悦和激动，以至于客户们觉得这是一天中最美妙的经历。

一个人最让人无法抗拒的魅力就在于他的热情。一个人是否热情，决定了我们是否喜欢他、亲近他、接受他。热情感染着我们的情绪，带给我们美妙的心境，让我们感到愉快和兴奋。热情能带来幸运，因为人们都喜欢和热情的人在一起。一个销售人员如果缺乏热情、面无表情、像机器人一样，那么谁也不愿接近他，更不用说购买产品了。

世界寿险推销高手弗兰克·贝格说："我一直深信热忱是销售成功的最大要素，也是唯一要素。"在人数众多的销售团队当中，很多朋友因为热情使薪水一再增加。但同时也有很多朋友因为缺乏热情，慢慢走向一败涂地的境地。成功与失败取决于你的热情。爱默生曾经说过："缺乏热情，无法成就任何一件大事。"由热情散发出来的生气、活力、真诚与自信，会感染客户并引起客户的共鸣。你的热情在告诉客户你的产品是最好的，一定可以帮助客户解决问题，创造最大的价值；你的热情在告诉客户你是最棒的，你的客户也是最优秀的，你们的合作是最佳的选择；你的热情在告诉客户你很快乐，也很成功，并希望把这种感觉带给你的客户。

一个人心中是否真的充满热情，可以在其眼神里、从他的勤快及感动人心的行动中看得出来，也可以从他轻快的步伐中看得出来，还可以从他全身的活力看得出来。让自己变得很热情，最快的方法就是做出充满热情的动作和行为。

做销售要自始至终让你的客户体验到你的热情，而且享受到你的热情。这样，他们会觉得如果不接受你的产品就似乎对不起你这一片热情，这样你的销售就成功了。从明天开始在跟客户面谈之前，下定决心使对方认为“我从未见过如此热心的销售员”或者“这名销售人员精神饱满的笑脸，我很喜欢！”然后再去按门铃。

所有的成功皆来源于你的热情。记住：一流的销售人员能够让客户立即兴奋；二流的销售人员能够让客户心动；三流的销售人员让客户感动；四流的销售人员让自己被动。

有人曾经做过这样的调查，在同一个行业，几个同样的店面，货品的摆设和种类都差不多，店内售货员的年龄、长相、穿着打扮也相差无几，可是唯有笑脸相迎的售货员所在的店面生意最好。

令人感到温暖而又愉快的笑容会带来明显的经济效益。一位著名的企业家说：“我宁愿雇一个有可爱笑容而连中学文凭都没有的女孩子，也不愿意雇一个板着陪审员似的面孔的哲学博士。”

一位寿险推销明星说：“不管我认不认识，当我的眼睛一接触到人时，我会要求自己先对对方微笑。”微笑是成功者的秘密武器，因为微笑可以拉近彼此之间的距离，增强亲和力，解除对方的抗拒。笑可以使你随和，可以使人喜欢你，所以，一流的销售人员都是经常面带微笑。

弗兰克·贝格在投身保险销售后很快发现，一张忧愁的面容注定导致销售失败，于是他每天做30分钟的“笑容训练”。每次他在进准客户的办公室前，必会利用几分钟的时间回想生命中最值得感激的事，然后自然地展现出由衷的笑容，再走进办公室。

微笑必须来自内心，否则就会让人感到皮笑肉不笑、不真诚、心怀诡计。

你可以通过想象一些开心的事情，来让自己露出诚挚的微笑。

微笑是可以练习的。一家航空公司这样训练空中小姐微笑：用一张纸挡住自己下半张脸，只露出眼睛，对着镜子观察你是否能给对方微笑的感觉。多数人让别人感觉不到他在笑，因为他只是嘴巴机械地动一动，而他的眼睛和脸部其他的肌肉没有变化。俗话说“眉开眼笑，嘴角上翘”，眼睛是心灵的窗口，微笑最传神的也是眼睛，要让你的眼睛笑起来，这叫眼神笑。这种笑才是最有感染力和最传神的。分布在眼睛周围的肌肉只有在内心真正幸福时才有反应，使眼睛放出愉悦的光彩。这种微笑有着感人的力量，会让任何人都无法抗拒。

你会控制不住自己的情绪吗

莎士比亚曾说，人的才华与智慧如果无法运用在最需要的时候，便和庸碌平凡没有差别。造物者是一个精于算计的女神，她给予世人的每一分才智，都要受赐的人善加利用。当你遇到麻烦时，是以情绪反应来解决问题，还是冷静下来，把问题弄清楚后，再一一解决呢？

2001 年 11 月，一架飞机越过茫茫的南极高原，飞向查理中途站；那地方距离麦克默多科学研究基地 600 公里，是个内陆储油库。机长西恩·卢提特是加拿大人，正紧盯着全球定位系统及惯性导航系统的读数；附近没有城镇，没有河流湖泊，地形平坦，完全没有办法靠目视辨清位置。但卢提特在这世界上最寒冷、险峻的南极上空已经飞行了 4 年，这项任务对他来说已经驾轻就熟。

突然，“砰”的一声巨响吓了他一跳。他四处张望，发现是紧绑着陆用撬架的绳索断了。估计几分钟内飞机就要坠毁，必须赶快想办法。

这样的情况既没有写在飞行指南上，机师受训时也没有讲过。不过卢提特是偏远地区的飞行老手，应变能力远远超过一般的机师；他和副机师讨论几分钟后，决定降低速度，飞到 25 公里外的查理中途站设法降落。说起来简单，但做起来很难；“着陆用撬架转个不停，飞机一旦慢下来，所产生的拉升力不知是否能足以让飞机继续飞行。”换句话说，飞机有可能坠落。

卢提特说：“惊慌没用，要冷静思考，采取适当行动。”于是他判断形势。“我们飞到了目的地附近，速度慢下来，着陆用撬架也转得比较慢，大约每 3~4 秒转一圈。接近地面时，副机师负责看着窗外，等待着陆用撬架转到正常位置告诉我。”就这样他们安全降落了。

当你遇到紧急的事情时，是否也能像故事里的主角一样，保持临危不乱的态度，随机应变呢？很多人遇到危急的问题时，总是以情绪反应来解决，但事实上，这样不仅不能解决问题，反而会让问题变得更加复杂，甚至偏离了问题的核心，即生出更多不必要的麻烦来。面对突如其来的事情，我们做的第一件事，便是将情绪稳定下来，如此，才能镇定地想出解决的方法，解决所有难解的纠纷。

从前，有一个著名的法国喜剧演员，在一次外地度假结束前，忽然接到家里的急电：家有要事，请即刻返家。当他收拾好一切，准备回家时，却发现口袋里的钱只够付住宿旅馆的费用，剩下的钱连买儿童票都不够，更不用说买全票回巴黎去了，他愁眉苦脸地想：该怎么办呢？这里我一个朋友都没有，也没有人认识我，有谁愿意借钱给我呢？如果等家人从巴黎寄钱过来再回去，一定会耽误许多时间。他原本一副度假开心模样的脸，此时一下子堆满了愁容。他躺在床上辗转难眠：怎么办呢？第二天，他走到旅馆大厅，以充满喜悦的动作和旅馆人员打招呼，语调轻松地说：我马上就回来！走出旅馆之后，他掏出身上仅有的一点钱，买了两瓶便宜的酒，又寄了一封信回巴黎，接着他在纸上写了几个字贴在酒瓶上，便拎着这两瓶酒大摇大摆回旅馆。回到旅馆之后，他故意让工作人员看到酒瓶上的字，服务员看到这些字时，个个都大吃一惊，连忙拨电话给当地警察。过了一会儿，有辆警车呼啸而来，两位警察迅速地下车，冲进旅馆将演员逮捕。当时的规定是，所有犯罪的人都必须马上送到巴黎，接受统一审判，而喜剧演员就这样被押回了巴黎。

那么酒瓶上贴的是什么字呢？一瓶写着“给国王的毒药”，另一瓶写的则是“给王后的毒药”。当这位喜剧演员回到巴黎后，很快被警方释放了，因为他正是国王最欣赏的演员之一。原来，那封信正是寄给国王的，国王看了他的信，明白这件事的来龙去脉后，反而对这巧妙的情节大笑不已！

处变不惊、临危不乱，是一个人真正面对危机时的能力体现。培养这种能力，能让我们在以后面对种种危机时，不会方寸大乱，从而能冷静有效地解决问题。

生活中时时刻刻都需要树立自己的品牌

“抓住机会女神的头发”，是一则西班牙谚语，源自于罗马神话。在罗马神话里，“机会女神”是一位美女，站在飞轮上，背后有一对翅膀，表示机会稍纵即逝，她的头发只覆盖在前额上，后脑是光秃秃的，要抓住机会女神，就必须抓住她前额的头发。这意味着当机会来到面前时我们往往看不到她的脸，当机会走了的时候，才发现是机会，但是你再去抓时却抓不到，因为她后脑一根头发也没有。

有一个村庄发大水，村民都上了大船，但牧师不上，他说：“上帝会来救我的。”大船开走了。水位在高涨，牧师爬上了房顶。又有一艘快艇来搜救遗漏人员，牧师还是不走，仍说：“上帝会来救我的。”快艇也开走了。水位漫过了房顶，又有直升机来接牧师，牧师仍然坚持不走，照旧说：“上帝会来救我的。”无奈，直升机也飞走了，最后的机会丧失了。终于，虔诚的牧师遭到了灭顶之灾，真正见了上帝。他抱怨上帝说：“怎么不来救我？”上帝说：“我先后派了大船、快艇和飞机 3 种交通工具去救你，可 3 次机会都被你错过了。”

故事显然是荒诞的，但也说明了一条很重要的哲理，那就是：抓住机会就是抓住了上帝。有些机会，我们是无法选择的，比如我们出生在一个什么样的家庭里，尽管家庭出身对于一个人的成长和成功至关重要。但是，在人生的旅途中，还有大量的机会是可以让我们选择和把握的，这些机会对于我们的成功也是很关键的，比如评优、保送、中考、高考、就业，等等。

有人曾经把机会比喻成小偷，说它来的时候悄无声息，但走的时候却让人损失惨重。机会很难遇到，如果你很幸运地遇到了它，那就一定要把它抓住，否则受伤的会是你自己。有一句俗语，机不可失，时不再来，可见机会弥足珍贵。

我们每个人都应该“抓住自我展示的机会”，自我展示已不再是商场的专用名词。现代社会，世界也在科学的发展中变成了一个小小的“地球村”。一个有抱负、有梦想的人就要在济济的人才中，抓住一切机会展露自我、推销自我。如果说，人生是一场战争，我们也应该主动出击而不是被动等待。

审视“自我展示”这几个字，我想了很多。自我推销实质是让别人认识自我、了解自我，进而欣赏自我的过程。韩愈在《马说》中写道：“世有伯乐，然后有千里马，千里马常有，而伯乐不常有。”我们就如一匹匹千里马，即使才华横溢，如果一味等待伯乐的那双“慧眼”把我们从众多的马匹中甄别出来，我们的命运有可能就是终生的怀才不遇。如果我们还不甘于平庸，就要敢于做自己的伯乐，抓住机会展示自我。战国时期的毛遂如果不是勇敢地自荐，大胆地展示自我，就不会有后来的青史留名。换一种思路，如果毛遂在平原君动身前往楚国时保持沉默，在楚国，平原君与楚王谈判不决时保持沉默，那么，他将会永远地沉没于历史。这样的例子还能举出不少，再如同时期的韩非子与李斯，两人本是同窗好友，但政治上的境遇却大相径庭，李斯能从一个郡县小吏跻身于公卿之位，不能说与他善于自我展示无关。相反，韩非子作为法家的集大成者，写得一手漂亮的文章，才华不在李斯之下，秦王曾为他发动了一场战争，韩非子却因为没能抓住自我展示的最佳时机，落得梦灭身亡的结局。

其实，这样的机会在我们的周围并不缺乏，而且它对每个人都是公平的，所不同的是把握机会的当事人。三国时的曹孟德，凭着自己超人的胆识和非凡的气魄，抓住了推销自我的最佳时机在乱世中以自己的才学证明了自己，终于成就了一代枭雄的梦想。第二次世界大战时的艾森豪威尔，也是这样一个了不起的人物，一次重要的军事会议成了他展示才华的绝佳平台，他成功了，成为联军的统帅。历届的美国总统竞选，他们都是靠自信、勇气、能力、口才、责任、品质、与众不同的才学和各式各样的方式来推销自我。可见，抓住自我推销的机会还要有很深的底蕴，它需要一份自信、一份果敢，更需要一份广博的胸怀和深厚的才学。否则，自我推销就可能流于一种浅薄，成为一种现代版的纸上谈兵，夸夸其谈。那么，我们所能做的就是努力提升自己，使自己成为出类拔萃的人才，然后勇敢地抓住展示自我的机会，成为自己想要成为的人。

第六章
认识自己才能更好地展示自己

有的人在展示自己的时候，常常觉得力不从心，他们其实是走了弯路，跑错了跑道，把力用错了地方。所谓事倍功半，就是如此。要纠正这个错误，更有效地展示自己，就得先明白自己的定位，好好认识自己，才能重新正确地设计自己的发展道路，做起事来事半功倍。

展示自己第一课——认识自己

俗话说，一个人最大的敌人莫过于自己。要战胜这个最大的敌人，首先就要认识自我、了解自我。《孙子·谋攻篇》也说“知己知彼，百战不殆”。可是，有些人总是不能很好地认识自己，比如，有些人并不能够很恰当地说出自己的学识和交易水平，不是估计偏高，就是偏低。有些人也不能够完全知道自己的性格趋向，不是强调优点，就是强调缺点。还有人更是不能够正确说出自己的理想、坚定性、上进心、道德感等处于什么样的高度，不是过于自傲，就是过于妄自菲薄。因此，我们每个人都有必要经常审视一下自己，尽力求得一个较客观的认知。

人最难的不是认识别人，而是认识自己。就像别人脸上的脏污一目了然，自己脸上的污点却看不到一样，看到自己的优点、长处容易，发现和承认弱点与缺陷却很难。有些人常常爱和别人攀比，想要人家有而自己不曾拥有的东西，往往在自责和忧愁中精神消沉不已。有时，自我认知能力能够让人冷静分析自己与外部世界之间的关系，判断出自己的优势与劣势，从而准确地找准自己的位置。

李嘉诚早年生活困苦，经历过无数磨难。少年时，他曾在香港的茶楼里做侍应生，但李嘉诚一直都有一个梦想，就是要成为一名实业家。可是，像他这样没有背景、没有本钱的人，该怎样才能投身实业呢？

自小懂事的李嘉诚对自己有强大的认知能力，他相信自己有做销售员的潜质，而且做销售员可以更快地为自己积累资本，成就实业家的梦想——在这种强烈自我认知的引导下，17 岁的李嘉诚大胆地迈出了新的一步，他辞掉了茶楼里的稳定工作，成为一家塑胶厂的推销员。

在辛苦的推销生涯中，尽管经历种种艰苦困难，但李嘉诚丝毫不退缩，因为从 17 岁那一年他就深刻认识到自己的定位与能力，他相信自己的判断，相信自己凭着自己的潜质，终会成就一番惊人事业。

李嘉诚的成功，虽然也有机遇的垂青，但更多还是他强烈的自我认知以及不懈努力的结果。自我认知能力对营销人来说是很重要的，它让每一名营销人冷静客观地判断、分析自己的职业发展前途，从而制订切实的发展方案，而不是成天抱着一夜暴富的幻想，欺骗自己以致最终一事无成。自我认知也是一种成功的暗示，可以让我们在充满压力与挑战的营销生涯中，在最失望、最困厄之时，依然能看到远方闪烁着的希望之灯，鼓励着我们不断努力、不断向前，最终抵达辉煌的终点。

生活本身就犹如月亮，有盈有亏，好像海水一般有涨有落，充满缺憾，人又怎能十全十美、事事如意？再有学问的人也会有不懂的知识，每个人都有自己的优势，但也都会有不如他人之处，谦虚是一种美德，“不耻下问”是一种境界，“知己知彼”才能最终获得成功。

曾经有个寓言故事，说的是有只小毛驴和小猴子共同生活在一个主人家。一天，小猴子玩得兴起，就爬到了主人家的房顶，上蹦下跳的，主人就一个劲儿地夸小猴子灵巧。为了得到主人的夸奖，小毛驴也费了好大劲儿爬到了房顶，但是却把主人房顶的瓦给踩坏了。主人见状，便大声呵斥它下来，并且打了它一顿。小毛驴感到很委屈和困惑：为什么小猴子能上房，而且还能得到称赞，而我却不能呢？小毛驴的问题，在于它没有认识自己，不清楚自己的能力。

世界上没有两片完全相同的树叶，每个人都有各自独特的性格与爱好，心中也有不同的幸福与理想，对生活亦必然有不一样的经历和看法。别人的态度、言行是认识自己的镜子，善于总结自己得失的人是聪明的，能够从别人的言行中学到经验的人是明智的，既不总结自己又不学习他人经验的人是愚蠢和可怕的。能够正确认识自己的人，不但不会被耻笑，还会因为拥有坦荡的襟怀而受人敬重，还会因为充满爱心、乐于奉献而受人敬爱，还会因为他自强不息、与时俱进的个性而受人敬佩。如果连自己的弱点都不敢承认、错误都不敢改变的人，只能是懦夫，又怎么能有信心搏击人生更好地展示自己呢？

给自己一个准确的定位

在人生中，难免会不明就里，对自己的位置也毫无头绪。给了自己准确的定位，就能找到方向感，就能在导向大致确定的情况下前进。

炎热的太阳底下，一个园丁正挥汗如雨地整理着公园里如茵的草坪，那些刚在草坪里长出来的小树苗们纷纷抗议："地球上，我们的作用非常重要。有了我们，就不会有水土流失；有了我们，沙漠也能变成绿洲；有了我们，才会有广阔的大森林……"树苗们十分委屈，要求园丁立即停止拔除树苗的行为。园丁听了它们的抗议后，坚定地说："这里没有水土流失，也不是沙漠、森林，这是公园里的草坪！"园丁继续他的劳作，直到把草坪里的树苗全部拔掉。

我们赞同寓言故事中园丁的行动，更同情草坪里树苗们的际遇。不管何种原因，草坪里树苗们的际遇毕竟是一件痛苦的事。除此之外，我们还应进一步发挥我们的聪明才智，以改变草坪里树苗的际遇为主题，续编上述寓言故事。也就是通过为草坪里的树苗设计几个可能的行动方案，改变它们的际遇，发挥它们的作用，至此从故事中领会到更多的启示：为什么会有这样的结局？怎样做才能达到更好的结局？

我以为，草坪里的树苗之所以被园丁拔除，是因为它们没有找准自己的定位：草坪里没有设置树苗的岗位，而树苗们却长在草坪里！因此，要改变草坪里树苗的际遇，较理想的续编思路有三：一是重新寻找自己的安身之所、用武之地，也就是转到沙漠、森林或水土流失严重的地方；二是通过努力，改善自己的基本素质，把自己转变为符合要求的青草，适应公园里草坪的要求；三是改变草坪的功能设计，在草坪里设立树苗的岗位，让树苗发挥作用。较不理想的续编思路是这些树苗被拔出后被晒干了、被丢弃了、腐烂了，从此消失了。当然，还有其他很多的续编思路。

现实生活中，遇到过“草坪里的树苗”那样际遇的人恐怕有不少。其中绝大多数人通过自己的努力，改善了素质，提高了能力，适应了环境的要求；一部分人通过主动或被动的岗位或单位的调整找到了能充分发挥自己才能的用武之地；也有的人是因为客观形势的改变而从不适应变得适应的。应该说，在个人与社会需要的角色相互适应过程中，也就是在找准自己定位的过程中，大多数的人是做不到从一而终的，尤其是素质较高的人，往往都是通过自己的努力，通过多次的岗位或单位的转换，最终找准自己的定位，发挥自己的才能。在市场经济条件下，个人的主动权更大，可选择的范围更广，学习提高的机会更多，可以更加容易地找准自己的定位。

有些人会想，工作快两年了，却还不知道自己以后要干什么，眼前的工作也不是可以干一辈子的，等以后结婚生孩子了怎么办？现在想换工作，却找不到自己的目标，不知道自己接下来要干什么，更不知道自己能干什么，毕竟不是十八九岁时想得那么单纯，生活毕竟是现实的，我该怎么办？是生活抛弃了我，还是我远离了生活？

许多人都有这样的亲身经历，一旦你认定某件事不可能取得成功，那么，你就算尽力而为，成功的可能性也大大降低。因为你戴上了心理的镣铐，拒绝了超常的努力，所以也拒绝了奇迹的发生。而你相信一定能够做成某件事，并且是在自己擅长和适合的方向上，虽然不一定能够迎来完全的转机，但奇迹发生的可能性却大大增加。

对于有一定心理自卑者来说，自卑正是他们人生的最大绊脚石。

人不可能在各方面都非常优秀，总会或多或少在某方面存在一定的缺陷，就算是伟人也毫不例外：拿破仑矮小、林肯相貌丑陋、罗斯福小儿麻痹。这些都是先天性的缺陷，不比学历、技能、知识、文化、性格，等等，都可以通过后天努力而改变。这些无法改变的缺陷难道都不足以成为令人痛苦与自卑的源头吗？但他们拥有的却是极其辉煌自信的一生！

练就自信的第一要素就是：恰当定位，扬长避短，相信天生我材必有用。这包含两个方面的基本信息：其一，正视自己的不足，不因差异而感到自卑，不为缺陷而感到烦恼，不让弱点影响你的成功；其二，也是最重要的一点，把握和信任自己的特长，扬长避短，形成优势，由此进行人生策划和人生竞争。

古人说："梅须逊雪三分白，雪却输梅一段香。"

我们不为缺点所困扰的最基本办法，就是不要拿自己的弱项去跟别人的强项竞争，没有必要自己跟自己过不去，更没有必要为此苦恼和自卑：如果你喜欢打篮球，但你身高不够，也不要自责，虽然没有身高优势，但个子矮、重心低，练好控球技术后对那些高个子球员来说便很头痛了。博伊金斯只有165厘米，但他照样在NBA立足。有时我们需要的只是改变，然后告诉自己：忘记那些缺陷吧，这不是你的原因，这不是你的目标，这不是你的道路，或者这对你来说无足轻重。

认识和定位好自己，每个人都有自己的特质和特长，就算你的长项不够出色、不够权威，但你总会有胜过竞争对手的地方，只要你善于利用，就能形成优势。

恰当定位还有一个作用，就是让你的信心成为信念。

信心和信念是完全不同的两个概念，这从字面的意思就可以看出来：信心重在“心”——心理状态、心理感觉；信念重在“念”——理念和信仰，信心提升为信念，是让信心具有恒心的唯一途径。正如古罗马诗人奥维德所说：“信念！有信念的人才经得起任何风暴的洗礼。”

托·卡莱尔曾有句名言：“人有没有信念，并非取决于铁链或任何其他外在的压力。”信念和信仰的产生，只能依赖自我的人生定位和策划，找准自己的人生坐标轴，通过扬长避短的定位，自己做自己的伯乐，才能进而拥有真正的自信拥有展示自己的更好能力。

机会只青睐有准备的人

所有的人都渴望成功，所有的人都渴望抓住机遇，但是为什么成功的人只是少数呢？有一句话说得好：“机遇女神只青睐那些有准备头脑的人。”那么对于大部分人来讲，应该如何抓住机遇或者说成功的机遇呢？

要有迎接机遇的心态：就像买彩票一样，如果你从来不买彩票，那你肯定也中不了奖，这是最起码的心态。

要有能抓住机遇的能力：这一点也是最重要的，只有迎接机遇的心态是远远不够的，因为机遇女神青睐的是有“准备”头脑的人，其中的“准备”就是你的能力或者素质。如果你没有能力和一定的素质，机遇来了，你与它只是平行线，而不会出现奇迹。

要迎接机遇，除了具有基本素质之外，还要做好吃苦的准备，因为成功与失败虽然只有一步之隔，但是成功的人要付出更多、牺牲更多。也许你要从黑头发变成白头发，从富裕变成贫困，从过去的成功变成明天的失败，甚至家破人亡。所以你要做好承受的准备，你要能够承受一切结果，无论最后是成功了还是失败了。

有些人希望能有 100%的把握的时候才去做一件事情。其实这是一个错误的前提，因为这个世界上不存在100%的把握。就算有，等你有了100%的把握的时候，你已经没有任何机会了，早被别人捷足先登了。作出的决策会影响你成功的速度，当你有51%的把握的时候就去做它，因为那时候大部分人都还在犹豫。其实51%的把握与99%的把握是一样的，因为当1%的失败发生在你身上的时候同样是100%。当你认为有51%的把握的时候就去做它，因为胜利的天平已经在向成功倾斜了，所以你不要犹豫。

对于普通人，作出较大决策的机会和机遇不是很多，但也不是很少，只是我们往往太过麻木、太不在意，不决策和错误决策，最后把向上的转机和好的机会变成了“后悔药”。

人们可能后悔的事还有：娶错或嫁错了人、股票没有在高点出手、房子没在低价格时买入，包括美国次贷危机发生、经济出现危机，人们后悔没有在好的时候多存点钱，正所谓，人无远虑必有近忧。这一切都是自己铸成的。

由此可以反推出：在每一剂“后悔药”的后面，都投射出人们错过的、可以作出正确决策的时机。

这里有三个例子：

——有一年，一个孩子将面临高考却成绩不佳，妈妈小D心急如焚地作出决定，拔掉电视、电脑插销，封仓入库；爸爸休假半年，照顾孩子的饮食起居，全家一致行动，创造良好环境，孩子一个三级跳考取了理想的大学。入学后，孩子开始变得浮躁，眼看要挂科，小D毅然将原住房出租，举家搬往郊区大学校园附近租房陪读，直到孩子大学毕业并顺利就业。

——有一家女儿，一年级入一重点小学，但不久却逃学、哭闹、拒绝到校，妈妈小Z毅然决定将她转到一所普通小学，使她成为快乐的优等生，直至考入重点初中、高中，最后顺利考入大学。

——M先生早年购得一处房产，长期闲置不住，眼看女儿大学毕业将出国留学，需一大笔现金存储半年做抵押。M先生果断将房屋卖出，虽利润翻番，但却稍低于市价。M先生却说，反正有心要卖价值低点无妨。不想，之后却躲避了一场次贷危机。

以上三个例子说明，正确、主动的决策在人生和谋事上的重要性、转折性。

与其头脑发热草率而为，或混沌度日没有计划，或眼高手低不作为，等事情过去了才明白、才吃“后悔药”，抱怨工作无趣收入太少、家庭不睦嫁得不好、经济拮据过得不好、子女毕业即失业运气不好……不如在当下、在每一个潜伏着“后悔药”的当口，审时度势，主动、正确地决策。

当然，有的时候决策很难，如果仔细思量过后你打定主意，听凭命运的驱使“蒙一把”，也就不存在吃“后悔药”的问题了，那本就不是一个决策的时机。或者说，顺其自然，无为而治，也是你的一个决策。

一旦你作出了决定，就不要被其他任何人、任何因素所干扰，就要坚定地去做。但是坚定并不代表埋头去做不看方向，走错了方向照样会出现相反的结果。成功的人都是相信自己能做到的。

即使在你前行的路上遇到了挫折，甚至说暂时失败了，不要停止，因为成功不是一帆风顺的。要整理思绪，作出客观的分析和判断。你要知道那些科学家做出任何一项发明之前，失败的次数比你要多1000倍，最后他们成功了，所以要在挫折中分析前进。

不要把任何人和事情想得太神秘，不要用太多的无用功去作出一些所谓的分析。像美国著名的国际投资家罗杰斯，他每次对股票进行分析和选择，最关心的不是一个企业在下一季度将赢利多少，而是社会、经济、政治和军事等宏观因素将对某一工业的命运产生什么样的影响、行业景气状况将如何。不需要你去作很多所谓的这个线、那个线的分析。

不要在自己做了决定之后还在不断地犹豫，你要坚定地告诉自己，我会成功，每天告诉自己同一个信念——“我会成功”，你就会成功的。

最后，要想成功，就要用尽一切所有可能的方法去努力，征求所有能征求得到的朋友的指导，如果你能做到疯狂地投入，那么也就成功地展示了自己。

展示自己，从接纳自己开始

接纳自己，接纳自己当下所有的反应，接纳自己的想法，接纳自己的情绪，接纳那个原本就不完整的自己、接纳那个本来就拥有优点和缺点的自己，这是非常重要的。当你能够爱有缺点的你，又有优点的你的时候，你将会感受到非常的自由自在与喜悦，而这份喜悦感并不是来自于别人对你说了些什么，这份喜悦是来自于你爱你自己、你接受了你自己、你认可了你自己、你也就客观展示了你自己。

请你想想看，如果连你都不爱原本的你自己，那么又有谁能够爱那个原本的你呢？当你无条件地接纳那个原本的你之后，你将会发现，任何人的任何行为及言语，可能对你也都没有影响了。当你能够接纳你自己、当你能够接纳对方的时候，你就同时能够接纳他们当下所作出的种种反应。因为你会很清楚地看到对方的反应是来自于他自己内心的问题，也许他对感情正怀有恐惧，也许他正在担忧着他家里的事情，也许他正在担忧他的金钱收入，等等。同样地，你也是，当你能够接纳你自己的生活、你自己的状况的时候，你是否就不会再有那么多的担忧呢？当你不再担忧、恐惧、害怕任何事情的时候，即使对方担忧金钱，他将一些恐惧担忧的话语丢给你的时候，能量传达给你的时候，你不会因为你也同时在担忧金钱的恐惧而去做响应，这是完全影响不了你的。

在日常生活中，有很多青年才俊，他们有很靓丽的外表，有很优秀的才能，有和谐的家庭，但他们往往失落困惑，因为他们感到痛苦的是：现实与他们期望的还有很大的差距，这就涉及这样一个问题，他们不能很好地接纳自己。他们的个性往往是：很认真、很要强、追求完美，考虑问题很细、很全面，等等。

接纳自己，要从巨细靡遗的方方面面做起。

“停止与自己对立”，是指停止对自己的不满和批判。不论自认为做了多少不合适的事、有多少不足，从现在起，都停止对自己的挑剔和责备，要学会站在自己这一边，维护自己生命的尊严和价值。

允许自己犯错误，但在犯错后要作出补偿，以弥补自己的错误造成的损失；不二过，也就是一个错误不犯两遍。

如果产生了负面情绪，不要去抑制、否认或掩饰它，更不要责备自己，对自己生气。要先坦然地承认并且接纳自己的负面情绪，不论它是沮丧、愤怒、焦虑还是敌意的。

人产生负面情绪是很正常的，它提醒你对现状要有所警觉，是改变现状的先决条件。如果一个人不为自己的成绩差而沮丧，他就不会想努力学习；如果一个人不为和别人产生的矛盾而苦恼，他就不知道自己的人际交往方式需要调节。

所以，不要怕产生负面情绪，也不要否认或逃避。要首先接纳它，然后再想办法解决引起负面情绪的问题。

绝大多数人从小就受到种种有条件的关注，或者严格的管束，致使很多人以为只有具备某种条件，如漂亮的外表、优秀的学习成绩、过人的专长、出色的业绩，等等，才获得被自己和他人接纳的资格。于是，很多人因此背上了自卑的包袱。由于曾经被挑剔，也就逐渐习惯于用挑剔的目光看待自己，越看越觉得无法接受。所以我们要学会做自己的朋友，站在自己这一边，接受并且关心自己的身体和心理状况，不加任何附加条件地接纳自己的一切。

能否接纳自己是一个人能否具备自信和追求成长的前提，但是，如果一个人止于接纳，他就很难有发展和成长。以建设性的态度和方法对待自己的弱点和错误，如果一个人能够正视并且接纳自己的弱点，那么，弱点也是有意义的。首先，它让我们懂得自己的局限性，使我们不至于狂妄自大，并且使我们懂得尊重有相应长处的人；其次，能正视自己的弱点，不把时间花在自责和沮丧上，集中精力去发掘自己的优势，这样就可以少走弯路。只要我们能汲取教训，那么，错误就会成为我们的老师。因为，从修正错误中学习是学习的主要方式之一。尽可能扬长避短、发挥优势。

要想使个人和社会进入良性循环，就需要与他人合作，而一个不能接纳他人的人，就无法与他人友好合作。

其实，真正接纳自己的人也会接纳别人，而无法接纳他人的人也不能接纳自己。

一个不接纳自己的人，无法容忍自己的弱点。可是，他内在的生命尊严拒绝接受这一否定。当两者间的冲突导致焦虑后，就会出现投射，即把自己不能接受的东西说成是别人所有的，就成了别人不能接纳他。

既然别人不能接纳他，他当然就无法接纳别人。这是在人的无意识中发生的、从不接纳自己到不接纳他人的心理过程。

我们可以从一个人能否自我接纳，来推断出他能否接纳别人，也可以从一个人能否接纳他人，推断出他是否接纳自己。所以，如果我们能够学会真诚地接纳自己，就会很自然地去接纳别人，也会很快地向别人展示了自己。

当然，我们也可以从学习接纳别人入手，尝试着接纳自己。如果接纳别人、尊重别人，别人通常也会对我们作出积极的回应。久而久之，我们在别人对我们的接纳中，会感到自己的价值与生命的尊严，于是，自我接纳便会产生，成功展示自己也不言而喻。

如何培养坚韧不拔的意志

给自己订一个高于现实却又不过高的目标，努力去做，并记下每天的点滴进步；常常省察自己，在感到进步很大时自己“慰劳”一下自己，增加愉快的体验。

在周围找一个特别有毅力的同学，暗暗地将他（她）作为自己的榜样，处处去模仿之；运用自我提醒，暗示自己在毅力培养方面要比别人付出更大的努力；目标不要选得太杂；抓住主要的东西，不做则已，若做就非做好不可。毅力不是生来就有的，而是靠我们从小的磨砺、锻炼而来的。那我们如何培养毅力呢？

1. 不怕困难。不论做什么事情，或是学习，或是弹琴，或是绘画，要想有所成就，必须刻苦钻研、不怕困难。困难就好比纸老虎，你弱它就强，你强它就弱。克服困难、战胜困难是坚强意志的重要表现。

2. 持之以恒。毅力的大小还表现在办任何事情都要有始有终，不半途而废。三天打鱼、两天晒网、蜻蜓点水、见异思迁是做不成大事的。一个优秀的运动员，即使被人甩在后面，或者中途出了意外，只要他还能跑，他就一定要坚持跑到终点，就是这个道理。

3. 不怕失败。失败是成功之母。有的人遭到失败后，垂头丧气、一败涂地，再也没有了奋斗的勇气，而有的人虽遭失败，却不气馁，从失败中汲取教训，继续奋战。爱迪生发明电灯泡时，历经了无数次的失败，最后终于换来了全球的光明。失败可以把人的毅力锻炼得更加坚韧。

4. 排除干扰。我们身边总有其他的人、其他的事，有可能会干扰我们的学习。比如，你在看书，别人在看电视、听歌曲，这时如果你能全神贯注于自己的学习上，不受干扰，就说明你的毅力比较强了。

5. 克服惰性。对于一些青少年来讲，培养毅力最重要的是从小事做起，克服惰性，比如，每天的晨练，遇到刮风下雨、大雪纷飞的日子，就想“今天算了吧，明天再跑……”学习上碰到不懂的问题，就想“明天再说吧……”结果就是这些一天天对自己的迁就，助长了自己的惰性，毅力的培养当然也就成了一句空话。

毅力是一个心理因素，毅力的培养可以从以下几个方面进行：

一个人对自己的事业充满信心，就会努力奋斗，不顾暂时遇到的困难、挫折和失败。他会积极地克服困难，战胜失败。这是信心在其中所起的作用。因此要有毅力，一定要培养信心，若信心不足，遇到困难、挫折和失败，就很容易退缩。

愿望是人们行动的出发点，一切活动都发源于愿望。愿望有强有弱，弱小的愿望很容易为生活的风浪所熄灭，导致行动没有毅力。强烈的愿望则能抵挡生活的风浪，没有什么风浪可以熄灭它们，除非生命结束。“生命不息，奋斗不止”、“我尚能生存，我当然要学习”、“舍得一身剐，敢把皇帝拉下马。” 这些都是强烈的愿望。因此，顽强的毅力是与强烈的愿望联系在一起的。要成功，必须有强烈的成功愿望；要致富，必须有强烈的财富愿望，这样行动起来才会产生极大的毅力。

目标明确，人们的行动才会有方向，目标才会产生强大而又稳定的吸引力。有些人虽然有创富的愿望、成功的愿望，但缺乏明确的目标来表达这种愿望、体现这种愿望，从而不能产生有效的吸引力，不能使思想、行动集中在固定的目标上，工作的效率很低，时间一长，很容易使人们丧失毅力、丧失信心。明确、具体的目标，使人们的毅力大为增加，这主要是由行动的效率和目标的吸引力而产生的。另外，目标的价值大小，与毅力也很有关系。有的目标价值不大，甚至没有价值，人们就不可能有太大的心情、热情去做这件事。因此，对这样的事情也就很难有毅力。人们在做一件事情之前，一定要清楚一件事情价值的有无、大小。必须选择那些有价值，并且价值大，且有长远价值的事情。这样，人们才会对目标有热情，从而保证有毅力。有人对所确立的目标价值估计不足，匆忙干一件事情，但在干的过程中，却对所做事情的价值产生怀疑，热情降低，精力不集中，思想不专注，工作深入不下去，没有太大进展，对完成这件事情没有足够的毅力。

只有对目标制订出实施计划，人们才能按照计划行动，否则，对于目标，人们仍然是茫然的，是老虎吃天，无处下爪。有了计划，人们就会按照计划，明白先干什么、后干什么，在什么时间干什么事情。一切经过精心计划，就会心中有数、有条不紊。工作才会有效率，人们才会对所干的事情有信心、有毅力。

有了计划，人们就要积极行动，这就犹如登山，不要站着不动，不要为眼前的高山所吓倒，唯一要做的事情是在选择出登山路径之后，就立即行动，只有行动才能缩短与山顶的距离。多走一步，就会多一份信心，就会多产生一份毅力。对待行动，要持这样一种心态：多走一步，就多一份成功的机会。

因此，行动，不停地行动，这是最佳的选择。终日所思，不如一时所做。

克服消极的心理因素，来保证毅力持久地保留下去。许多人很容易受消极心理因素的影响，如害怕失败带来财产的损失、害怕别人的批评。这些消极的心理因素会损害人们的毅力，使人们不再对他们的目标投入金钱、热情、精力、时间，甚至半途而废。要努力克服消极心理因素，在这方面，可以与赞同自己的朋友结成同盟，来鼓励自己的积极心理，特别是信心，激发自己对目标的热情，保证自己有足够的毅力来实现目标。

对毅力的培养，特别要注意良好习惯的养成。在日常的生活中，要养成良好的习惯；一旦良好的习惯成为潜意识中的东西，那么，一切将出乎于心、出乎于自然，不会因为对目标的坚持不懈，而需要特别坚强的意志，忍受内心的煎熬。毅力是良好习惯的结果。

总之，毅力是许多心理因素共同作用的结果，这些因素包括愿望、信心、明确的目标、有组织的计划、行动、习惯、人生观等，任何一个环节做不好，都会影响毅力。毅力的强弱很大程度上决定了能否成功。这不是一朝一夕培养出来的，毅力是持之以恒的基础，要学会持久，你就要学会坚持、能吃苦，最好能订一个明确的目标来鼓舞自己有个切实可行的方法，你可以试一试，不管春夏秋冬，坚持每天用冷水洗脸。许多人都是这样进行训练并且效果很好，在其他方面也变得很有毅力了。

正确认识自己，做到扬长避短

正确地认识自己的优缺点、长处与短处就是为了更好地完善自己，做到扬长避短。完善自己就是一个人成长的过程、刻苦学习的过程。小孩学说话、学走路是在完善自己，成人学技能、学做人也是在完善自己。完善自己要求我们有“不积跬步，无以至千里”的踏实学习态度，“头悬梁、锥刺股”的刻苦学习精神，“不到长城非好汉”的顽强学习毅力。在生活节奏越来越快、工作压力越来越大的现代社会，只有努力地完善自己、“见贤思齐”，才能让自己在社会的竞争中立于不败之地，这样才能不断地增加你的自信心，才能有良好的心态去实现自己的人生理想，才不至于产生心理失衡的问题，才能更好地完善自我

要完善自己，就要全面分析自己的能力，要全面看待自己的优势和劣势。只有在了解自己的前提下，才能够不断完善自己。人都希望不断完善自己，活出自己精彩独特的人生。但是在自我完善的同时很难把握事情对自己的改变，或者说对自我的左右。人们要完善的是自己的能力，而不是自己独有的个性。人们需要理论充实和实践锻炼，使自己的能力得到提高。有一种感觉：假如你站在群山之巅俯视大地，盲目的自豪感就会油然而生，认为自己是世

界的主宰者；假如你站在繁华都市、人海茫茫的人行道上，马路上是如梭的、令人眼花缭乱的汽车，路边是仰望都看不到顶的高楼，你就会觉得自己太渺小。

其实，生活中的每一个人，都可以描绘出属于自我的一份壮观美丽的海市蜃楼，都可以不断地去努力追求着，正如《海市蜃楼》影片中的主人公那样：我相信，她会在人间，我要去追寻一样。追逐梦想是每个人最基本的生活权利，除非我们自己放弃了自己应有的，如果那样，我们生命的道路上也就必然有了很多的遗憾。一位著名诗人曾说，没有比人更高的山，没有比脚更长的路。扬帆远航，描绘出属于自己的那份海市蜃楼的景色，追逐自己的生活梦想，让我们的人生充满精彩，让生活不再留有遗憾!

我们到底是伟大还是渺小呢？其实在这个世界上，我们的位置已经被定位。只不过有时我们忘乎所以，有时我们悲观失望罢了。

老子说："胜人者力，自胜者强。"能够战胜自我的人，是具有天地之志的人，只有"自胜者才是真正的强者"。要想超越自己目前的成就，就是要勇于接受挑战，不断地挑战自己。当压力来临时，要保持一颗冷静的心，自信从容地面对压力，相信自己一定能够做好；挑战自己是一种勇气，是自我的超越。挑战自己就是不要做"井底之蛙"，要把自己的眼界放宽、放广，如果一味地停留在"完善自己"的阶段，那么有可能到了更复杂的环境里，就会显得不适应，从而产生自卑的心理；挑战自己就是要摒弃这种自卑、害羞等不良心理，勇敢地面对生活中的每一天。

如何定位，是共同价值观应讨论的问题。不仅要准确地定位自己，而且要不断地完善自我，世人在自我定位上存在两种不正确的心态：一是盲目高傲自大，就像夜郎国的人一样盲目自大。他们觉得自己多么了不起，觉得自己的能力与常人不同，有点高高在上的感觉。这些人认为自己天生就是不寻常，在平凡的岗位上实在是太委屈自己了。可想而知，这些人在日常的工作中是不愿意出力的，他们的主要目的就是往上钻营，以实现自我。这些人自我解释的口头禅是：不想当将军的士兵不是好士兵。试问这些人：人人都当将军，谁来当士兵？还有一种人是盲目地自卑。他们认为自己的知识已经被淘汰，已不适应社会的发展，唉声叹气，甚至想早早地退休。面对工作压力时，往往是知难而退，无主观能动性。正确地定好自己的位置、良好的心态是干好工作的前提。无论在什么位置上，想办法干好每一件事，才能在工作中埋头苦干，这样方能有效地展示自己。

现在越来越多的人意识到：终身学习的年代来了。如果不学习就会显得孤陋寡闻，就会被社会所淘汰，很难适应要求越来越严格的岗位。毕竟，你学过的东西仅仅是皮毛，越来越多的新知识充斥着整个世界。小到细菌，大到宇宙，这其中的奥妙永无止境。如果我们想永远做个适应岗位、适应社会的强者，那就需不断地学习、不断地完善自我。具有渊博知识的人，学习了就会有更多的本钱；学识浅薄的人，学习了就会产生自信。所有人都在不断地完善自己，社会就会进步得很快。定位好自己的位置，在自己的工作岗位上脚踏实地、完善自我，这样，才能更好地在自己的工作岗位上始终立于不败之地，出色圆满地完成领导交给的任务。

第七章 品牌效应让产品身价倍增

个人品牌，是职场生涯不可或缺的重要因素。一个良好的个人品牌，应该是每个职场中人都应花费精力去努力获得的。个人品牌，不仅是品质的保证，还是你职业发展的金钥匙，能为你打开一道又一道的大门。因此，用心打造自己的个人品牌，是每个职场中人的必修课，只有有了优质的个人品牌，才能在成功的道路上走得踏实、走得远。

21 世纪的生存法则——建立个人品牌

一个人的事业已经从做一份工作、追求一个职业，发展到要建立个人品牌。美国管理学者华德士提出，21 世纪的工作生存法则就是建立个人品牌。他认为，不只是企业、产品需要建立品牌，个人也需要在职场中建立个人品牌。时下，全球经济进入调整期，众多企业尤其是 IT 企业纷纷裁员。在这场裁员风潮中，许多人会失掉饭碗，重寻工作。工作被迫发生变动，对就业者来说是一件痛苦的事情。有了个人品牌，才会在职场中有所突破。

如何在裁人风潮中稳坐钓鱼台？如何在工作中脱颖而出？答案就是：建立个人品牌。那么，个人品牌的含义是什么？

个人品牌就是个人在工作中显示出独特的价值。它就像企业品牌、产品品牌一样，要有知名度，更要有忠诚度。具体而言，个人品牌有以下几个特征：

第一，个人品牌最基本的特征是品质保障。这一点跟产品品牌一样。它体现在两方面：一方面是个人业务技能上的高质量；另一方面是人品质量。也就是说既要有才更要有德。一个人，仅仅工作能力强，而道德水平不高，是建立不起个人品牌的。

第二，个人品牌讲究持久性和可靠性。建立了个人品牌，就说明你的做事态度和工作能力是有保证的，也一定会为企业创造较大的价值。企业使用这样的人是可以信任和放心的。

第三，品牌形成是一个慢慢培养和积累的过程。任何产品或企业的品牌不是自封的，而要经过各方检验、认可才能形成。对个人品牌而言，也不是自封的，而是被大家所公认的。

第四，个人一旦形成品牌后，他跟职场的关系就会发生根本性变化。像一个企业一样，如果有了品牌，它做任何事就会相对容易一些。同样对个人来讲，一旦建立了品牌，工作就会事半功倍。

建立个人品牌，首先要进行“品牌定位”。

弄清几个问题：你想要成为什么？你的工作有价值吗？你有价值吗？个性不同，每个人的品牌定位就不同。找出自己与他人不同的特点：别人认为你最大的长处是什么？最值得他人注意的个人特点是什么？

其次，当今时代知识更新很快，建立个人品牌更要强调学习能力。

较强的工作技能是个人品牌的核心内容。在工作场所，能力不强的人想树立个人品牌难，就像一个产品，客户服务做得再好，如果三天两头出故障，也会让客户避而远之。如何将自己的技能和工作的风格形成一种特色，具备不可替代的价值，这是建立个人品牌的关键。

最后，还要学会包装自己。

“桃李不言，下自成蹊”的观念是不利于建立个人品牌的。包装就是要展现品牌的个性。什么是成功的包装？宋新宇博士认为，像商品的包装一样，有吸引力的包装都有共通之处，那就是生命力、明确、信任、耀眼、平易近人。但要注意，过分包装会适得其反，宣扬也要掌握好度。

裁员并不可怕，可怕的是自己并无太多让人记住的东西。在工作变换频繁的年代，你不可能永远属于一家公司、一个职位，你不是只能担任某种职务。从现在开始，你是一个品牌，你需要将自己当一个品牌经营。

打造属于你的品牌形象

努力和汗水是成功的必要条件，但是花再多的时间和精力提升自己的职业知识，也只是基础而已。想要成功，还得在自己身上下功夫，就是要塑造好口碑，打造良好的品牌形象。让别人知道自己，是成功的一大要诀。

对于职场人士来说，姓名不仅仅是一个代号，而且是包含了知名度、美誉度、雇主满意度和忠诚度的品牌，是个人谋求职业生涯发展获得更大成功的通行证和敲门砖。对于职场中人来说，自己的品牌价值，就等于产品质量和产品品牌美誉度之对于产品一样重要。

对于产品来说，要形成知名品牌，提高品牌价值，就得有过硬的质量作为基础。而对于职场中人，建立个人职业品牌的“质量”要求包含两个方面：一方面是职业能力，个人业务技能的高质量、超凡的工作技能是个人品牌的核心内容。在工作中，能力不强的人想建立个人品牌，是非常困难的，就像一个产品，而职业品牌的“质量”要求的另一方面是指职业精神，这是可信度的保证。

实际上，我们时时刻刻都在用自己的言语、行动，甚至穿着打扮传递着个人的独特品牌形象。无论是价值观念、思维模式、行为习惯，还是专业技能、性格特征、外在形象，等等，都是个人品牌价值的组成部分，它们会形成一个鲜明、统一的个人品牌形象，从而为自己创造巨大的经济效益。

品牌的塑造和形成，是一个慢慢培养和积累的过程，任何产品或企业的品牌都不是自封的，而是要经过各方检验、认可才能形成；而个人品牌，也是需要被大家公认的。如果企业有了品牌，发展就会相对容易一些；同样对个人来讲，品牌一旦形成，工作时往往就会达到事半功倍的效果。

如何让自己的技能和工作风格迅速地被人了解，包装形成独特的个人品牌，是必须要研究的一门功课。如果你对自己个人品牌的价值毫无意识，就很有可能会接受低于你价值的报酬，抑或困于一个不能让你发挥所长的职位上，而且，如果你并不定期有意识地给自己的品牌价值增值，很容易就会被市场抛弃。

一般来说，知名度越高，个人品牌的价值也就越大。有知名度就有人关注，就吸引了人们的眼球，就有价值。职场人士需要学会包装自己，形成自己的品牌，例如，要学会展现自己的能力，不要总是把自己的能力看得太小。另外，还需要培养我们的人格素养，比如职业道德、团队合作精神、责任感、自我管理能力等，这些都是包装自己的东西。

作为一个员工，不要害怕“秀”自己。要让老板看到你的成绩，首先要对自己的成绩心中有数，自己到底做了些什么？什么是符合要求的？什么是老板最需要你去做的？不要指望老板有时间和每一位员工进行沟通，这是不现实的。老板不可能对每件事、每个人了如指掌。如果你想在公司有所发展，消极等待与默默工作都是不明智的，努力找机会让老板明白你的想法，知道你工作的成果，才是积极的做法。

过于内向的人在职场发展中有另一个认知误区，就是害怕同事批评自己喜欢邀功。在习惯性思维的最深层，我们一向以“谦逊”为美德，不习惯大大方方、直接地“表扬”自己，同时也对他人的“争强好胜之心”颇有非议。

打造个人品牌，就是要实现价值增值。那么，如何才能更好地把自己的价值体现出来呢？有的人把个人品牌转化成公司品牌或者产品品牌；有的人把跳槽、升职当成个人品牌提升的途径；有些人在找到更好的机会、赚了更多的钱后，树立起创造财富的个人品牌；有的人通过讲课、演讲树立个人品牌；还有些人通过出书、拍广告、当形象代言人等来建立个人品牌。

对于大多数职场中人来说，跳槽能让职业品牌迅速提高含金量似乎是一条常理。同时，内部的职位轮换是职业品牌价值提高的又一个捷径。遇到发展的瓶颈时，先不要忽略在所服务的机构内部找出路的可能性，因为其优势在于：可以填补自己跨岗位经验方面的竞争力缺陷。换岗位之前首先要注意企业内部可利用的职位，做好相关准备。看看企业内部究竟有哪个部门、什么职位自己能够胜任，再针对性地去争取。

你想要成为什么样的人？你的工作有价值吗？你有价值吗？个性不同，每个人的品牌定位就都不一样。首先，要找出自己与他人不同的特点，了解别人认为你最大的长处是什么，再明确你要建立个人品牌的要点和结果，然后设计相应的品牌形象。

许多人埋头苦干，做了许多事，但是所做的大部分都是技术含量很低的重复性工作。在最初工作时，这样技术含量较低的工作是非干不可的，但时间一长，如果你还在从事这样的工作，就必须得警惕了。

毋庸置疑，每个人的能力都是有差别的，因为它有一部分来自于遗传，也源于后天学习。因此，每个人都应知道自己能力的程度，并依据自己的能力设计人生道路。

经营个人职业品牌，就如同经营商品品牌一样，其实就是设计、规划、经营自己的职业生涯。根据职业生涯的发展特点，职业品牌包含定位、承诺、推广、包装等经营策略，它们最后都是为了达成一个目的，那就是提升自己的品牌价值。

在确定一件工作成为了职责以后，就应当精益求精地去完成它。毫无疑问，它将提升你的能力，当然，还有你的品牌形象。

文凭、职称、职务只是评价个人品牌的一种非常外在的参考指标。有些年轻人把精力浪费在这些事情上，其实这是打造个人品牌过程中最舍本逐末的做法。要建立个人品牌，就要学习那些对自己职业有用的知识，不要学一些今后或许用得上也可能用不上的知识。市场经济令外在的参考指标失去了绝对的意义，固守文凭、职称和职务的权威，说到底并不可取。

而树立良好的个人品牌，还要让别人知道你在干什么、你可以干什么，最重要的是，你可以干好。这就要求在公司内部的各种会议上多发表言论，多向领导提建议，树立自己在企业内部的威信。

如果经常提出新观点、新见解，时常爆冷门，这就要求你不只是紧紧跟住潮流而已，还要主动创造潮流，始终让自己处在风口浪尖，时刻都有先见之明，走在别人前头。只有这样，才能引起职业顾问、猎头公司、同类企业的关注。与同行交流和沟通，也是十分重要的。有空时，要多参加行业协会、行业媒体举办的峰会、论坛，还有行业人士举办的酒会、聚会等；还有在行业媒体上发表言论、文章，著行业之书、立行业之言等，都是行之有效的办法。

简单地说，我们所要做的，就是给自己一个独特的定位，让自己的特质在人群中凸显出来。个人品牌的重要性之所以日益凸显，是因为职场日新月异，个性的年代需要你的个性更突出，而雇主也会因为你表现出来的价值而雇用你。有效的包装不仅仅适用于产品推广，同样适用于个人职场生活的发展。而个人品牌就是这样一种包装手段。

当你已经建立了一个真正的个人品牌之后，你就需要把自己当作一个品牌来经营，就像经营一个产品或是经营某个企业一样，要坚持不懈，努力维护品牌、延续品牌的生命力。只有打响了个人品牌，才能被越来越多的人认识，因为知名度和品牌的威信度，是通往成功之路上不可缺少的基石。

不断充电，在知识中开阔视野

有位记者曾问李嘉诚：“今天您拥有如此巨大的商业王国，靠的是什么?”李嘉诚回答说：“依靠知识。”有位外商也曾经问过李嘉诚：“李先生，您成功靠什么?”李嘉诚毫不犹豫地回答：“靠学习，不断地学习。”不断地学习知识，是李嘉诚成功的奥秘。

李嘉诚说：“在知识经济的时代里，如果你有资金，但缺乏知识，没有最新的信息，无论何种行业，你越拼搏，失败的可能性越大；但是你有知识，没有资金的话，小小的付出就能够有回报，并且很有可能取得成功。现在跟数十年前相比，知识和资金在通往成功的道路上所起的作用完全不同。”

温州商人朱张金当初去俄罗斯做生意的时候，只带了一个计算器，学了几个俄语单词——“一、二、三、四、五、好不好、多少钱、行、没问题”。就因为语言不通，朱张金在生意当中吃尽了苦头。

后来，他到欧美去做生意，同样的事情还是没有避免。言语不通对于做生意的人来说，就像聋子一样。1999年的冬天，朱张金到美国参加一个皮革展销会。当时，有一个加拿大的商人向他推销landcows（死牛皮），40美元一张，朱张金一听，心中大喜，他觉得这个价格实在太便宜了，因为，在美国，只有死牛皮才卖这么便宜的价格，朱张金不知道 landcows 这个单词是什么意思，他认为，死牛皮的英文肯定是 deadcows，这个自己没听说过的 landcows 肯定是好皮。于是，他兴冲冲地从美国飞到加拿大去看货，结果大失所望。原来，landcows 的意思就是死牛皮，死牛皮的英文就是 landcows，而不是朱张金自认为的 deadcows。

就是这么一个单词，让朱张金瞎忙活了好多天，浪费了许多交通及通信费。从此，朱张金下定决心要学习英语。如今的朱张金，他的英语水平已经非常流利，在向老外介绍自己的卡森产品时，可以做到滔滔不绝。

温商朱张金深刻地意识到自身的弱项，因此，要发展，就要不断学习。他把学习称作充电、洗脑，只有不断地洗脑，汲取新知识和养分，才能适应瞬息万变的市场，增强自身的抗风险能力，不断发展壮大。学习无论对企业、对个人都非常重要。在激烈的市场竞争中，不被淘汰的选择就是不断地学习、充电。通过学习，理论知识充实了、思维开阔了，具体的实践也会自然而然地有所突破。

企业需要软硬实力结合的员工

世界上每一个成功的企业，之所以能够发展得这么长久，都有其不可复制的核心竞争力。打造一种别人无法复制的核心竞争力，才是“基业长青”的关键所在。同样的道理，个人要想在职场发展上决胜千里，必须也要有一种不可复制的能力。唯有如此，才能确保你在职场发展上顺风顺水，成就“职业长青”。

那么，职场能力到底是怎样构成的呢？什么是构成你的实力应该必备的呢？

在当今的就业形势下，能够在职场获得一席之地，不仅要有硬能力，同时也要具备软能力。俗话说“黄金有价玉无价”，在职场，硬能力是“金”，软能力则是“玉”。只有硬实力和软实力相结合，才能造就一个人真正不可复制的能力及不可替代的地位。

硬实力，简单地说，就是硬件，比如学位证书、英语证书、职业资格证书，等等。这是你步入职场的敲门砖。比如有些单位，就要本科以上学历；或者单位职称评定，要求达到一定学历。这时候，是“硬实力”在起作用。这些实力都是可以通过学习达到的，是可以复制的，比如你能拿到学士、硕士学位，别人也能拿到。这时候，这种能力就不能成为核心竞争力。

硬实力以外，自然就是软实力。实际上，这也是许多用人单位更加在意的地方。软实力是相对硬实力而言的。后者是可定量的专业能力，是你从事某种职业所必需的工作技能。

如果你是医生，你的医学院毕业证书和医生执照，就是你的硬实力，而你治好了或救活了多少病人，这种业绩可定量来显示你的软实力；如果你是学生，你的学习成绩是硬实力，而学习能力就是软实力了。而在职场上，至少有很大一部分人不具备这种“软实力”。只有具备软硬实力相结合的人，才能真正受到企业的欢迎。

12年前，中国留学生张晨和美籍华人托尼，一起从美国一家常春藤名校物理系毕业。当时一家顶尖美国银行正在筹备亚太部，他们经过层层考核，一起进入这家银行。

张晨拥有常春藤名校物理博士学位，眼睛深度近视，有严重的鼻炎，性格内向，给人的第一印象不佳。他的英文相当好，但是当众言说能力差。公司雇用他，是因为他数学很好，能帮银行建信用风险模型。在这里，博士学位和出色的英语水平，是张晨的硬实力。银行在第二轮面试后就给了他正式的Offer。虽然当时有面试官对于其交流能力提出了质疑，但是他有一流的建模能力，属于当时银行急需的人才。出色的硬能力，让他得到了他梦想的工作。

托尼是本科生，美国土生土长的华人。因为受家庭传统的华人文化影响，他身上很好地融合了美国人的自信和中国人的谦逊。他数学远不及张晨，但却很自信，当众言说能力很棒，中文也不错，发音很标准，谈吐幽默，很阳光，精力充沛，很有魄力，这些都是他非常出色的软能力。面试官都很喜爱他。他也得到了工作。

在建模型的初级阶段常常要加班。张晨病倒了，模型建成后关键的第一次工作汇报他没法参加，只好由托尼顶替。托尼不懂之处，在电话里向张晨请教。模型出成果后的工作汇报，张晨本来可弥补上次的缺席，可他在几个大老板和整个部门员工面前很紧张，陈述得很令人失望，结结巴巴，大老板们都听不懂这模型到底好在哪里，不知道如何解释统计结果。最后，托尼不得不帮他解围，用非常简明扼要的通俗语言解释给大老板们听。

如今，托尼已是这家银行亚洲信用风险首席官，而张晨在金融危机中被裁员了。虽然他的硬能力远高于托尼，但是软能力的缺失导致了他成为金融危机的牺牲品。

身处职场，你应该明白，只具备硬实力而缺乏软实力的人，只能是职场的跛子，是有水倒不出来的花瓶。缺乏软实力是影响就业的死穴。只有软硬结合，才能胜任职场的需求，你才会更容易成功幸福。以下列出 8 种职场人士应该具备的“软实力”，供大家参考，看看自己是否具备。

1. 建立良好的人际关系

“一个人事业上的成功，只有15%是由于他的专业技术，另外的85%要依靠人际关系、处世技巧。”戴尔·卡耐基的名言，道出了人际关系的重要性。

暂且不说那么大，单纯就职业发展而言，有些人和老板的关系都处理不好，还谈怎么发展？

2. 掌握沟通的艺术

有人总抱怨，说天天在职场上加了多少多少班，做出了多少多少努力，结果到头来，升职、加薪、评先进，样样没有自己的分儿，反倒是被那些平时不怎么努力的人抢了去。这样的结果，就只能是越想越郁闷，越想越窝囊。

有一大部分职业人士，在与老板或上司的相处过程中，缺乏沟通，并由此带来很多困惑、无奈甚至消极的情绪，不仅影响了工作效率，也耽误了自己的职业前程。

3. 不断学习的能力

很多人到了一个岗位上，不知道干什么、怎么干。俗话说“三百六十行，行行出状元”。要想把一个岗位、一个行业的情况摸清楚，最聪明的人起码也得花很长的时间。很多人干耗着不“充电”，如果是这样，你应该问问自己：最近半年来有没有学到让你明显进步的知识？是否依然在原地踏步？你的能力提升了吗？你为公司又创造了多少价值？

不要怪老板没有重用你。在提出这个问题之前，先掂掂自己到底有几斤几两、现在处在什么位置、还欠缺什么，赶紧充电弥补。

4. 积极的工作心态

整天垂头丧气的人，连你自己都会觉得不舒服，怎么可能会打动老板？工作中心态的好坏起着至关重要的作用。正因为有了良好的心态才能够正确地评价自己，才能脚踏实地地投入工作。

做一个有“品行”和“德行”的人

曾经有这样令人深省的一幕：

一位学者到某高校作报告时，向台下的听众提问：“你们认为，现代社会最重要的是什么？”台下异口同声地回答道：“品德！”

确实，在市场经济的社会条件下，最重要的正是“品行和德性”！社会需要优良品德，作为一个企业、公司，作为一名员工，更是如此。

我们都知道，人才是根本。在众多资源中，人才是企业、公司发展的第一要素，是推动企业、公司发展的最强大力量，也是企业、公司必须紧紧抓住、努力开发的最核心资源。可在现实生活中，我们不难发现，很多企业、公司并不缺乏人才，有的甚至人才济济，但却面临着发展动力不足的困境乃至惨遭淘汰的结局。究其原因就在于这些企业、公司忽视对员工忠诚、敬业、服从、正直、诚信等优良品德的培养，而这些，正是一名员工人品优劣的重要体现。所以，毫不夸张地说，提升员工人品已成为当前企业、公司的当务之急。

董国是在一家大公司供职，能说会道，才华出众，所以他很快被提拔为技术部经理，他认为，更好的前途正在等着他。

有一天，一位港商请董国是喝酒。席间，港商说：“最近我的公司和你们公司正在谈一个合作项目，如果你能把你手头的技术资料提供给我一份，这将使我们公司在谈判中占据主动地位。”

“什么？你是说，让我做泄露机密的事？”董国是皱着眉道。

港商小声说：“这事儿只有你知我知，不会影响你。”说着，将15万元的支票递给董国是。董国是心动了。

在谈判中，董国是的公司损失很大。事后，公司查明真相，辞退了董国是。

真是赔了夫人又折兵，本可大展宏图的董国是因此不但失去了工作，就连那15万元也被公司追回以赔偿损失。他懊悔不已，但为时已晚。

人们最忌讳的是“吃里爬外”、“吃张家饭，干李家活”。在一个公司里，很多信息都是有商业价值的，必须要守口如瓶。如果泄露了机密，会给公司带来不可预料的损失，不管你是刻意的还是无意的，有时还会受到法律的追究。

因此，身在职场，要对公司和企业忠诚，不该问的不问，不该说的不说，公司的各种事情都不可以随便张扬，要绝对守口如瓶。守住公司的秘密，就是守住了自己的良心和饭碗。

有两个大学同学，毕业后，张力在一家计算机软件公司做程序员，是公司的业务骨干。王斌在另外一家同类公司做市场营销，他们多年没有联系了。两家公司都在开发同一种前景广阔的办公室应用软件，是最大的竞争对手。一个偶然的机会，当王斌知道张力是这个项目的核心人物时，心中大喜，计上心来。

在接到王斌的饭局邀请后，张力想都没有多想就去了，两人几年没有相见，一见面异常惊喜，又是吃饭，又是喝酒，被灌得找不着北的张力像黄河决堤一样，将公司的绝密资料和盘托出。

后来，遥遥领先于对手的张力的公司被对手捷足先登，打了个措手不及，巨额研发费用化为肥皂泡。看着满商场的同类产品，张力气得浑身发抖，羞愧难当地离开了公司，还差点儿受到法律诉讼的后果。

一个泄露公司秘密的员工即使才华横溢也不会成功，因为他无法得到老板的信任，无论是谁都不喜欢这样的人。而这同时也表明，忠于公司、老板，也就是忠于自己，背叛公司、老板，也就是背叛自己，最终必定走向失败。

曾光是一家公司的采购部职员。一天，他看到公司定制的圆珠笔、复印纸异常精美，便不断地拿些回去给他上学的女儿使用。这些东西被女儿的老师看见了，而该老师的丈夫恰好正是与这家公司有业务往来的高级主管。

该高级主管了解了这件事后，说道："这家公司的风气太坏了，公司的员工只想着自己而不是公司！这样的公司怎么能有诚意做好生意呢？"于是，他终止了与该公司的合作计划。公司的合作计划被终止以后，老板大为光火，下令在全公司范围内彻查此事。经过多方查证，最终，曾光被揪了出来，他被开除了。

公私分明本来是每一个员工都应遵守的职业纪律和必备的职业道德。可总是会有违反规则的人，在一些人眼中，占用公司的一张信纸、一个信封等这些细小物品都是理所当然的，是很正常的事。其实，正是这些看起来微不足道的小节却恰恰能反映出一个人职业操守的高低。

曾光大概不会想到自己不经意地拿这些小东西回家竟然能让与他公司合作的对方公司的高级主管知道。谁会想到计划的中断，竟然是由这些小东西造成的呢？估计更想不到的是，他竟然因为这而丢了工作。

贪小便宜对一个员工来说实在是有百害而无一利。因为“若要人不知，除非己莫为”，贪小便宜很容易就会被别人感觉到，到时一传十、十传百，你的名声便毁在了这点蝇头小利上，可谓是拾了芝麻，丢了西瓜——得不偿失。克制住自己的“贪欲”，“利益于我如浮云”，有了这样超然的境界，你便容易在别人眼里树立起高大的形象，让自己成为一个优秀的人。

其实，越是这样小的细节越应该引起人们的足够重视，也许你的一个不经意的举动就会成为人家的话柄，那样你就因小失大了。

事实上，荣誉也是双向的，只要我们尽心尽力，努力工作，对得起公司、对得起自己，那么，我们在为公司创造荣誉的时候，工作同样会赋予我们以荣誉。我们工作的目的绝不仅仅是为了每月有一份不错的薪水，或者是为了有一份可以谋生的职业，我们还追求一种认同感、归宿感和成就感，而这一切都建立在荣誉感的基础之上。只有这种荣誉，才能让我们对待工作全力以赴，才能让我们自觉地远离一切有损于公司和工作的行为。在争取荣誉、创造荣誉、捍卫荣誉、保持荣誉的过程中，我们个人也不知不觉地融入到了集体之中，获得了更好的发展。

第八章
形象是开启成功的金钥匙

很多时候，好的形象能加快你成功的步伐。有好的形象，就能让人觉得你更容易亲近，从而也更有说服力。

你为自己的形象打几分

有多少优秀的人才事业上停滞不前，是他们不再努力，还是缺乏才智？都不是，而是他们没有展示出他们的潜力，他们的形象阻碍了他们的发展，世界杰出的企业领导人，无不重视企业员工的素质和形象。杰克·韦尔奇和任何在位的CEO一样，他要严格地“清除园中杂草”，那些“杂草”是以其形象来判断的。他还定期察看职员的照片，看到那些肩膀低垂、睡眼惺忪或者耷拉着脑袋的人，他就毫不犹豫地把他指出来，说：“这家伙看起来半死不活的！他能干好什么？为什么不把他调走？”他还以应聘者的外表来决定是否录用他们，“在市场营销方面，我会聘用那些外表英俊、谈吐流畅的应聘者。”

人们总是相信，工作效率、能力、可靠性及勤奋工作是让他们有机会提升的重要条件，但并不是仅有这些条件，你就能在工作中被提升。忽略了对整体形象的塑造，会既得不到上司的注意，也得不到同事的认同。那么，塑造成功形象的秘诀是什么呢？只有展示出一个与期待的职位相符的形象，展现出一个可信、有潜力、值得信任的形象，你才能有更大的发展空间，上司和同事才能相信你适合更高的位置。

无论我们认为从外表衡量人是多么肤浅和愚蠢的观念，但周围的人也都难免每时每刻根据你的服饰、发型、手势、声调、语言等自我表达方式在判断着你。无论你愿意与否，你都在留给别人一个关于你形象的印象，这个印象在工作中影响着你的升迁，在商业上影响着你的交易，在生活中影响着你的人际关系和爱情关系，它无时无刻不在影响着你的自尊和自信，最终影响着你的幸福感。让我们看看西方人的研究和发现吧！

美国著名形象设计师莫利先生曾对美国《财富》排名榜前300名公司的100名执行总裁做过调查，97%的人认为懂得并能够展示外表魅力的人，在公司中有更多的升迁机会；100%的人认为若有关于商务着装的课，他们会送子女去学习；93%的人会由于首次面试中申请人不合适的穿着而拒绝录用；92%的人不会选用不懂穿着的人做自己的助手；100%的人认为应该有一本专门讲述职业形象的书以供职员们阅读。

英国著名的形象公司CMB对世界著名的300名金融公司的决策人进行调查发现，在公司中位置越高的人越认为形象是成功的关键，因而就越注重形象的塑造和维护，并且他们也愿意雇用和提拔那些有出色外表和能向客户展示出良好形象的人。

美国得克萨斯州立大学奥斯汀分校在对2500个律师进行调查后发现，形象甚至还影响着个人收入，外表形象有魅力的律师的收入高于其同事14%。

美国纽约州希腊求斯大学管理学系对《财富》前1000名公司首席执行官进行调查发现，96%的人认为形象在公司雇人方面是极为重要的，尤其是对那些要求可信度高的工作和与人打交道的工作，如市场、销售、金融、律师、会计，等等。

管理者和人事处的人都一致认为“优秀的形象比研究生的学位更重要”。加拿大某保险公司人事部门主管，谈到形象在初次面试中的重要性时，他说：“这是至关重要的。我们的职业代表着公司的形象，职员的形象反映着我们的产品质量。”当被问到什么是他们认为可信的形象时，他回答：“能展示出自信、可靠，知道自己在干什么，整洁的外表、合乎身份的举止。”他们认为职员的形象最重要的是：沟通交流、公众演讲、流利的口才、出色的文笔；出色的外表形象包括穿衣、修饰、个人卫生、发型、指甲、体形、礼仪，等等。

形象，并不是一个简单的穿衣、外表、长相、发型、化妆的组合概念，而是一个综合的全面素质，一个外表与内在结合的、在与人交往中留下的印象。形象的内容宽广而丰富，它包括你的穿着、言行、举止、修养、生活方式、知识层次和什么人交朋友，等等。它们在清楚地为你下着定义，无声而准确地在讲述你的故事——你是谁、你的社会地位、你如何生活、你是否有发展前途……形象的综合性和它包含的丰富内容，为我们塑造成功的形象提供了很大的回旋空间。

形象是事业成功的一个重要因素。塑造成功的外表形象为你事业的成功起着推波助澜的作用，也可以破坏或阻挡你事业的顺利发展。对于那些在传统和保守行业中的领导者和管理者，如银行业、保险、金融、会计、律师业，更应该精心地策划、设计自己的形象。对于那些追求成功的人，创立一个可信任、有竞争力、积极向上、有时代感的形象，使你无论在什么群体中都能获取公众的信任，从而脱颖而出。

美国商务形象设计师莫利先生曾被美国《财富》500强中的300强公司所雇，去培训指导它们的总裁及销售人员，因为这些公司的决策人认为，高级管理人员的衣着，从里到外都影响着他们在公司的表现。他们在商业中的经验也使他们认识到，穿着得体的销售人员，比穿着随便的销售人员成绩突出。个人形象是一个销售人员在营销过程中，对于公司的产品和个人可信度最有力的说明书。

注重形象会有更多机会

英国人保罗·爱尔顿是商务形象设计和人格心理咨询师英格丽的朋友。保罗曾经是花旗银行出色的交易员，在他很年轻时依靠杰出的股市交易才华就挣足了万贯家业。从此，保罗就过着那种悠然自得的职业旅游家的生活。他曾对形象影响人的事业和人际关系的观念嗤之以鼻，他对英格丽说："你这一套形象设计的理念如同我父亲教训我的一样，都是无法让我接受的。它在鼓励人们的虚荣心，满足那些缺乏自信心的人的需要。我相信人们还没有愚昧到以外表衡量人的地步。我有钱，但我不会穿上千英镑的西服。因为对我而言，100英镑的西服与1000英镑西服的功能是一样的。我有足够的自信，我穿什么样的服装都不会影响我的心态。我为什么要把钱花费在对我没有意义的外表上？如果人们以我的劣质西服来判定我的人格，那是他们愚蠢，我们也就没什么潜在的关系可以继续发展。"

自信的保罗终于在2002年6月改变了他原有的观念，他要求英格丽为他作出新的形象设计。原来，保罗厌倦了无所事事的生活，凭借自己在金融业的经验，他打算建立一个以日本股市为重点的对冲基金。但是在与美林、高胜、花旗银行的几次会晤中，项目毫无进展。每次会晤，他都有种莫名其妙地被低估的感觉，以至于无比自信的他都要怀疑自己的能力，他甚至开始对自己失去信心了！保罗终于承认：“他们的眼神让我感到了他们对我的不信任，好像在说：‘我们怎么能把上千万英镑交给这个穿着如此落伍不得体的人呢？’”

他因为对形象理念的重新认识而成为了英格丽的客户。在进行了一整天的服装咨询中，他至少80%的衣服被扔进了垃圾堆，英格丽仍然认为自己已经“心慈手软，手下留情”了，一切以“少而精”为原则，重新建立起的衣柜展示了保罗作为一个银行家的面貌，穿着新配制的服装，狮子座的保罗又找到了属于自己的自信，他得意扬扬地说：“现在我看到，自己已经是一个基金经理了！”

在改变了形象之后，他陪同年近90岁的父亲乘游轮在地中海度假。让保罗高兴的是，游轮上的陌生人称赞了他新添置的热尼亚西服：“很棒的西服！”保罗感慨地承认：“服装确实能帮助造就一个人，它们真的非常有区别！”热情的保罗已经变成了“改造自我形象”的推广人，他用英格丽对自己形象设计的条例和方案，强力推荐自己认为形象不达标的朋友去进行形象改造。与绝大多数英国人不同，慷慨的保罗还愿意在其他领域做个反面教材，以亲身体验来传授服装在事业中的重要作用。

在远古时代，服装最基本的功能是御寒，遮羞是它作为文明的标志，在有了阶级的社会里，尤其在现代社会，它的最大功能是自我展示和表现自信的工具。这也是为什么很多成功人士不惜花费大量的时间和金钱选择那些能让他们展现出最好风姿和成就的服装。服装在无声地帮助你交流、沟通，传递你的信息，告诉人们你的个性、职业、收入、教养、品位、知性，等等。

在美国的一次形象设计调查中，大多数人根据外表判断人，很多人认为外表和服装反映了一个人的层次。毫无疑问，服装在视觉上传递你所属的个人信息，它也能够帮助人们建立自己的自信。

打造企业与个人的畅销品牌

商品社会，包装产品是一种常见的经济行为，精美的包装是优质产品不可缺少的要素。其实，在市场经济中生存的人们又何尝不需要包装呢？

包装自己，可以展示自己的形象。包装是一种视觉效应，据国外有关机构的调查统计，人们接收的信息中有70%~80%是通过视觉获得的。心理学上有一个“首因效应”，说的是第一印象的重要性。你要是给人留下良好的第一印象，以后怎么看你都顺眼。莎士比亚说，人生就是一个舞台，每个人在这个舞台上都扮演着不同的角色，每个人都希望自己能闪亮登场。能不能闪亮登场，关键在于如何包装自己。包装自己，得从穿着打扮开始，要给人一种落落大方、不矫情、不做作的印象，呈现一种外表的美。包装自己，须在说话办事上下功夫，能说会道而不油腔滑调，办事利落而不拖泥带水，要给人一股精气神。包装自己，重在增加自己的文化内涵，沉着稳重给人以踏实感，目不游移给人以信任感，博闻强识给人以厚重感。

据说，曾国藩看人要先看人的眼睛，人的眼睛要专注，不能游移不定，这反映了一种忠诚度，当然，这样以貌取人有它的非科学性。但是在无法真正了解一个人的内心世界和实际本领时，我们靠什么去判断他的人品和能力呢？只能根据他的外在形象下结论。

如果你是一个公司的老总，你的外表就是公司最好不过的说明书了。“企业文化就是老总的文化！”如果你看起来不像一个企业老总，就不要困惑于你的公司为什么不能够出类拔萃，就不要责备顾客不信任你们的产品。你的外表在告诉别人：“我的公司不追求卓越，我不追求品位，就像我们不在乎自己的形象一样。”

请不要忘记，职员的形象也是公司的广告牌。现代社会的发展、任何公司的产品和文化都在逐步地人格化。不能够展示出高度职业化的形象，就等于向客户宣告：“我们不能满足你们所需要的质量和服务要求。我们没有高度的职业素质，我们不在乎你们的满意度，我们的产品和服务都不可靠，你们可以付低价。”糟糕的职员形象严重地损害、破坏公司的形象。

根据英国的调查，能展示出良好形象的企业的收费标准要高于同行平均值的 9%。自 1983 年以来，英国对服务投诉增加了 400%，但 96%的情况下，人们并不向这家公司投诉，而是转向其他公司。大部分情况下，由于职员的忽视、怠慢，没有展示出高度的职业化行为和可信度，客户转向了其他公司。

这些都在告诉我们，如果总裁和职工能够有杰出的形象，客户情愿为这些优秀的职员形象付出更高的价格！如果企业领导不能够提高自己及其职员的外表形象和职业素质，就不能创造有利于企业发展的文化，职员就不会提高自身职业化形象，也不会把企业寻求卓越的精神传递给客户，因为，职员不理解客户是如何敏锐地通过观察他们的外表来捕捉、判断企业的文化和可信度的信息的。

在西方，很多国际知名公司早就不再用广告中的美女和俊男来表现公司的形象、寻求公众的信任了，公司理解到，个人（职员）的形象就是集体（公司）的形象。许多公司把形象作为一个职员的重要基本素质，因为他们知道职员的形象不仅通过他们的外表，而且还通过沟通行为、职业礼仪等留给客户一种印象，这种印象反映了公司的信誉、产品及服务的质量，公司管理者的素质、层次等，通过对公司职员形象的判断，客户可以判断公司的服务、信誉，职员的形象直接影响着公司的信誉。

如果你希望销售人员提高业绩，你要懂得如何让他们的穿着和行为更代表你的产品质量。建立一个品牌非常艰难，它也许需要几代人的艰苦努力和成千上万人的集体智慧。每年，世界跨国公司都要花亿万资金维护自己的品牌形象，通过广告、公关、社会福利活动，等等。公司的形象是企业最有价值的无形资产，而公司的形象是通过企业的管理者、职员、销售、客户服务等直接反映出来的。

许多跨国公司不惜花重金为自己的员工进行形象培训和设计，以提高职员个人素质。因为员工的素质代表了产品的质量，员工的言行代表了企业的文化和素养。据纽约州立大学对《财富》排名前1000名公司执行总裁的调查显示，总裁们普遍认为，如果公司职员能展示给客户一个良好的形象，公司可以从中受益，员工的形象等于公司的形象，公司的形象直接影响着公司的利润，因此，保持优秀的公司形象是管理者努力取得的目标之一。

管理学家怀利在《公司形象》一书中指出：“如果通过外表、行为和客户的关系，公司的职员能传达公司的价值，这个公司就是成功的企业。”而有些公司却依然不明白这一点，那些对工作与穿着漫不经心的雇员，那些破坏职业化的小节和习惯，会断送公司经过多年努力建立的品牌形象。

影响过程与结果的首因效应

生活中我们第一次见到某人的时候，心中总会有一个对他（她）的印象。通常所说的这个印象实际上就是指第一印象或最初印象。在社会心理学中，由于第一印象的形成所导致的在总体印象形成上最初获得的信息比后来获得的信息影响更大的现象，称为首因效应，也叫最初效应。

心理学家研究发现，人们的第一印象形成是非常短暂的，有人认为是见面的前40秒，有人甚至认为是前两秒，在一眨眼的工夫，人们就已经对你形成印象了。有时就是这几秒钟会决定一个人的命运。无论这种观点是正确的还是错误的，有些人都会依赖于第一印象的信息，而这个第一印象的形成对于日后的决定起着非常大的作用。毫不夸张地说，第一印象就是效率，就是经济效益。它比第二次、第三次的印象和日后的了解更重要。第一印象的好与坏几乎可以决定人们是否能够继续交往。美国勃依斯公司总裁海罗德说："大部分人没有时间去了解你，所以他们对你的第一印象是非常重要的。如果你给人的第一印象好，你才有可能开始第二步，如果你给对方留下一个不良的第一印象，很多情况下，我们会相信第一印象基本上准确无误。对于寻求商机的人，一个糟糕的第一印象，就失去潜在的合作机会，这种案例数不胜数。你必须花费更多的时间才能够抹去糟糕的第一印象。”

良好的第一印象是一把在首次相见中能够打开机遇大门的钥匙，英国伦敦大学学院一位系主任在谈到一位讲师时说：“从她一进门，我就感到她是我所渴望的人。她身上散发着某种精神，被她那庄重的外表衬托得越发迷人。因为只有一个有高度素养、可信、正直、勤奋的人才有这样的光芒。30分钟之后，我就让她第二天来系里报到。她没有让我失望，至今她仍是最优秀的讲师。”这个激烈角逐的位置就这样由于一个迷人的第一印象落到了这位中国女博士的手中。

尽管有时第一印象并不完全准确，但有时第一印象的建立如同在一张白纸上用墨水笔写字，写下了就难以再抹去。不管人们愿意与否，第一印象总会在以后的决策时、在人的感觉和理性的分析中起着主导作用。英国某IT公司的项目经理在面试了乔安娜·林后，由于乔安娜在面试中出色的表现，公司决定雇用她，而且付给她相当可观的薪水。但进公司之后，项目经理逐渐发现乔安娜不适合编程工作。但由于经理欣赏她那出色的自我展示能力，反而让她转向适合她性格的市场工作。

国外心理学家还发现，当我们走进一个陌生的环境，人们立刻靠直觉给你进行至少10条总结：你的经济条件、教育背景、社会背景、你的精明度、你的可信度、婚姻与否、家庭出身背景、成功的可能性、年龄、艺术修养、健康状态，等等。我们常听人讲：“一看他就知道他是一个什么样的人。”这就是第一印象。这所谓“一看”，无非只有几秒钟时间，而这几秒钟就可以让人们判断你的生活背景，预期你的未来发展。

第一印象在人的社会活动中起着太大的作用，但也常常被一些人忽视，如果你不想丢失任何成功的机会，别忽略第一印象的作用。记住，人们普遍喜欢那些穿着得体、为人热情、友好、宽厚、祥和的人，而厌恶那些穿着破衣烂衫、表现得缺乏修养、尖刻、好战、征服欲望强烈、自私自利的人。

有些人总是基于对第一印象的信任，而宁肯忽视后来的印象。现在巴林银行工作的女博士南希由于穿着朴素，自我展示的能力平平，在面试时，她的能力就被低估和忽视。尽管她出色的计算机能力使她被公司雇用，但她留下的那个普通、平凡的第一印象，却成为日后事业发展的障碍，这也让她的上司感到遗憾。他说："她看起来像个再普通不过的女人，但进公司后，她的专业能力是超乎我们想象的。不幸的是由于进来时的位置太低了，我们只能在那个基础上为她加薪。"

服饰是一个人最好的名片

在人类文明史上，服装的发展一直带有它的社会功能，它是一个表现工具，一个阶层的象征。1996年，美国里维斯公司为提高公司的利润做了一次统计调查，希望了解消费者穿衣的动机和期望服装带给穿衣者的社会效益。他们惊奇地发现，人们穿衣的最大目的不是为了漂亮和其他，而是为了增加自信。这个调查发现，60%的人认为穿衣是为了增加自信，51%的人是为了“在压力下保持镇静”，49%的人期望自己“看起来理解人、关心人”，41%的人渴望自己看起来“聪明”，而只有6%的人是为了“看起来漂亮”。

大部分人是缺乏自信的。这种自信的缺乏，或者是由于对自己的才能和成就不满，或者是由于对自己的外表不满而造成的。由于大部分人不具有标准体形，过高、过矮、过胖、过瘦都影响着我们的自信程度。精心设计的服装，不但可以掩盖这些不足，还可以衬托出形体的优势，并在心理上消除由于对外表不满带来的焦虑。而那些对自我成就不满的缺乏自信者，优质的服装可以积极地调整穿衣者的态度，增加穿衣者的社会成就感，它有强烈的暗示作用，在心理上提示自己表现得要如同自己的服装一样出色。

对于男性，美国形象设计师说：“领带是展现你个性的最好办法。你是保守的、花哨的、权威的、沉默的，还是严肃的个性，人们能迅速从你的领带中去领悟。领带是男人的概念和风格，是男人全身唯一最能表达自我的工具。”西方的政治家们在电视镜头前，懂得如何充分利用领带来表现他们的魅力。

美国前总统克林顿在大选前夕进行自我宣传时，在媒体形象专家的创意和设计下，他敢于多花样地佩戴鲜红夺目的领带，穿着白衬衣、灰蓝的西服，虽然头发已经呈现出灰色，但他显示给选民一个性格热情、朝气蓬勃、充满男性魅力的年轻总统的形象。在美国，他的形象尤其深受女公民们的欢迎。这不是没有道理的。因此，在美国一次大型的形象调查结果中发现，红色领带被女人们认为是一个男人性感、有活力的象征。现在越来越多的政治家为了显示自己“青春依旧”而戴上了红色领带。

虽然大部分人都认为人们不应该根据外表来评判一个人，但是心理学家发现，一个人外表有无魅力，不但决定了别人对他的态度，也影响这个人对自己的态度。如果你穿着那种粗制滥造和裁剪不得体的服装，它们会无时无刻不在提醒人们：“我就如同我所穿的，我缺乏自信和才能，我一无所有。”曾经缺乏自信的麦克·陈，在为自己的服装做出投资后，感叹地说：“一套高品质的西服，改变的是我的自我感觉。我现在已经无法在一套不得体的西服中找到自我了。”在进入加拿大一家银行后，麦克·陈把第一个月的收入全部用于对自己外表的改造上，在他的衣柜里，不再存在劣质的服装。

自信是取得成功的首要因素，而成功的人都能够向社会和群体展示这种自信，这也是他们能够成功的公开秘密。自信的秘密并不鲜为人知。依然徘徊在失败者人群中的人，他们渴望成功，但又不能展示出自信，很多人在书中也没有找到一条最简捷的、现实的方法。不妨把服装用作辅助你成功的手段之一。

小小的细节决定你的形象价值

个人的品牌形象，不仅仅是由大节构成的，每一个小小的细节都展示给观察者一个无限的想象空间，它们在无声地揭露你的现状，悄悄地告诉人们你的故事。人们在这些细节的指导下，回忆你成长的历程、体验你生长的家庭和环境背景。一个从小不讲卫生和没有养成整洁习惯的人，生存的环境大概也不属于优良。如果个人习惯不会让我们的感官愉悦，缺乏基本的素养，更谈不上品位和修养。在成年后，他还没有补上卫生习惯这一课，那么他的自尊和对别人的尊重会表现在哪里呢？

托尼在美国一家保险公司任高级精算师，受某国某保险公司之邀，托尼前来该国商谈一些可能合作的培训项目。托尼提出与地方上的保险经理们见个面，以便更好地了解该国的保险业市场。托尼的要求得到了满足，在离首都不远的一个城市，某保险经理人的会客室，托尼见到了几个重要的负责人。

托尼非常注重细节和卫生，而那天与他会见的人，却着实给托尼留下了一个“难忘的第一印象”。他说：“那个主要负责人热情地坐在我身边，专注地介绍着该国保险业的前景，而我的大脑却无法离开他的鼻子，我根本没有听进去任何内容，我的思维全被那‘红杏出墙’的鼻毛占领了！只要一看他的脸，我就产生强烈的欲望——要替他剪掉那扰乱我思维的鼻毛。我试图忘却他的鼻毛，把目光和注意力移到他头以下的部位，却又看到他肩上落着白花花的一层头屑，我忍不住地作呕。出于礼貌，我只好又把目光放在他脸上。整个上午，我的大脑中只有两个画面——黑鼻毛、白头屑。待到中午吃饭时，我生怕自己被安排在他身边，借口讨论技术坐在另一个负责人身边。”

美国形象设计师派力·戈方克在他的《男人的极致风格》一书中比喻：“你即使穿着2000美金一套的阿玛尼西服，穿着200美金的意大利鞋，但是你的鼻毛却从鼻孔里伸出来了，你最好还是去穿一套普通的西服！”正是那些不被人注意的卫生小节，能够喧宾夺主地抢去人们的注意力，它们会比你那昂贵的西服和饰物更让人难以忘怀。那些平日养成的、被你忽视的不良卫生习惯可以无声地拆毁你自以为是优秀形象的基底。

英国形象大师玛丽·斯皮莱恩说：“如果你不在早上花点时间注意细节，更重要的是其他人会为你遗憾一天。”她阐明的是，细节的疏忽会为我们带来不可弥补的、不可言传的尊严的损害。我们精心修饰自己，保持干净、整齐，不但是对自己的尊重，也是对别人的尊重。还有人认为个人卫生与一个人的精神及其道德修养程度有一定的关系。不论哪一个是前因，哪一个是后果，不讲究卫生细节的人像是在间接地宣告：“我不懂得人生的要义，我还没有进入人类的现代文明。”

你不一定要穿着最昂贵的西服，但是，请花一点儿时间整理这些不可言传的卫生小节吧！这也是对自己形象应该承担的基本责任，是至关重要的。

那亚热带丛林般的黑色鼻毛不可阻挡地从鼻孔中伸出，会在心理上折磨别人的神经；那让人作呕的头皮屑会扰乱别人平和的心绪！在纽约华尔街工作的主任级经理乔治·李就是由于不能够忍受别人鼻毛的折磨，在面试一个杰出的、具有丰富的金融界经验的高级分析员时，寻找了一个“合理”的理由没有雇用这位博士。乔治对英格丽说：“自从你7年前在伦敦告诉我这些小节，它们已经成为我雇用人的一个标准。但是我遗憾地发现，不注重卫生小节的习惯在很多人身上存在着！为什么很多人没有这种注重个人卫生的习惯？为什么他们像留胡子一样留着鼻毛？我对于这种不良的习性形成了非常强烈的个人看法。但是，我却不能够告诉他们，这是我不能够雇用他们的理由。”乔治还“憎恨”另一种与鼻毛同样不能接受的不愉快的现象，一位面试者一开口，就露出不清洁的牙齿，他也寻找了“合理”的理由而没有雇用这位牙齿不清洁的人。

今天的西方人每天至少洗一次澡，美国人可能达两次，但是男人的古龙香水依然生意兴隆。为什么呢？随着时代的变迁，古龙香水有了新的用途，它不仅仅用于驱除臭味，而且是一个有格调、有品位、高雅的男士的正常消费品。男士们身上散发出的清淡的古龙香水味道，让人们联想到：“他是一个注重生活品位的人，他有雅致的情调，他懂得自己。”

东方男人在西方为我们树立形象的大有人在。美林银行的俄罗斯小姐玛蒂娜谈到曾做过她老板的比尔时说：“每天清晨，比尔都是头发整齐、穿着笔挺的西装、散发着浓郁的东方古龙香水的神秘气味走进办公室，被这么一位看起来让人愉快、闻起来让人舒心的项目经理管理，繁重的工作并不让我感到沉重。”在瑞士银行的女博士西西里娅评价自己手下一位中国数量分析员彼德：“他有几处让我们吃惊：一是他高大的身材；二是他无可挑剔的穿戴和让人愉快的气味。我认为他是个有格调的男人，因此我推断中国男人很讲究格调。”

第九章
好口才让自我展示得心应手

所谓三百六十行，行行出状元；行行也要好口才。社交的有效沟通，求职的轻松过关，推销的业绩倍增等，都有赖于此。有位名人说过这样一句话：“世间有一种途径可以使人很快完成伟业，并获得世人的认可，那就是优秀的口才。”

树立品牌，让自己拥有好口才

我们在社会中生活，要交流信息、要沟通思想，靠什么呢？靠一定的说话与人沟通的能力。在这种能力中，口才尤其重要，应用也最为广泛。不善言谈的人是很难让人了解其价值的。有句话说，是人才者未必有口才，而有口才者必定是人才，而且是不可多得的。世界上没有任何一个正常人不需要说话、不需要和别人交流，也没有任何一种工作不需要和别人打交道。信息社会就是要提高信息的价值，人际交往日益频繁和现代生活竞争激烈要求我们发展口才与交际能力。所以，好口才是我们提高素质、开发潜能的主要途径，是我们驾驭生活、改善人生、追求成功的保障。

有些会说话的人，纵然口若悬河、滔滔不绝，听者也不以为苦；即使只言片语也能绕梁三日。语言真是神奇，一句话说得好，可以让人笑；一句话说得不好，可以让人跳。一句话可化友为敌，引发一场争论甚至导致一场战争；一句话也可能化敌为友，冰释前嫌。

在21世纪的今天，口才被美国人称为与电脑、美元并列的最厉害的三大武器。英国首相丘吉尔曾说："一个人可以面对多少人，就代表这个人的人生成就有多大！"古往今来，中外历史上那些仁人志士，绝大多数都具有良好的口才。无论是政界领袖，还是杰克·韦尔奇等商界奇才，无不具有卓越的口才。口才不仅能使你出类拔萃，迅速扩大你的影响力，更能够帮助你建立自信，改善公众形象。

毫不夸张地说，一些成功人士身上，至少有一半的成就是用口才去创造的。如拿破仑的一席话，能迅速调动军队的士气，一鼓作气取得胜利；林肯的一席话，能让反对他的政敌哑口无言、肃然起敬。大卫·奥格威在他著名的《一个广告人的自白》一书中写道：埃斯基涅斯能言善辩，但这反而对他不利，因为听众们都在盛赞他的口才。

而狄摩西尼则相反，他说话结结巴巴，有时候甚至词不达意。没有人觉得他的演讲有多么出色，但所有人都被他的激情所打动。

因此，人们会鼓掌赞美埃斯基涅斯的口才，但是当狄摩西尼演说时，人们则会被他的激情感染。

春秋战国时期，以推行连横策略而著称的游说家张仪初到楚国当说客时，一天，碰巧令尹家里丢失玉璧，主人咬定是他偷的，便对其严刑拷打并将他逐出家门。回家后，妻子叹息说："你若不读书游说的话，怎会遭此大辱呢?"张仪听后问妻子说："你看看我的舌头还在吗?"当妻子回答他还在时，他拍手说："够了!"对他来说，只要舌头还在，就有施展自己雄才伟略的机会。后来，他确实扶摇直上，当上了相国，以口才成就了人生。

楚霸王项羽是个杀人魔王，每攻占一城必将全城百姓屠杀干净。魏相彭越联汉抗楚，连夺楚国十七城，恼得项羽眼冒金星，亲率大军攻破彭越占据的外黄城。项羽入城后，首先下了一道命令，城里凡 15 岁以上的男子集结城东，准备将他们全部活埋。号令一出，全城哭天号地，哭声中竟有一小儿去楚营求见项羽。项羽听说小儿求见，倒也惊异，问他："看你小小年纪，也敢来见我吗?”小儿说：“大王是人民的父母，小臣就是大王的儿子，儿子见父母，有什么不敢呢?”项羽本来爱听夸奖的话，这小儿开口就能感动人，项羽自然喜欢得不得了，忙问他有什么要求。小儿从容地说：“外黄百姓，久仰大王恩德，今天大王驾临，赶走了彭越，百姓非常感激。但大王宫中有一个谣言，说要把15岁以上的男子全部活埋，我认为大王德同尧舜，威过汤武，不会这样做的。况且屠杀百姓后，对大王有害无益。所以请大王颁布明令，稳定人心。”项羽听了，觉得合情合理，但又威胁道：“如果我坑死人民，即使无益，也不见得有害。你要能说出有害的理由，我就下令安民；要说不出，连你也要活埋。”那小儿听到威吓，并不慌张，反而严肃地说：“彭越守城，部兵特多，听说大王来攻，怕百姓做内应才紧闭城门。而后，见人心不向他，才夜里逃走。如果百姓甘心助战，同心坚守，大王恐怕至少十天半月才能入城。今天彭越一走，百姓立即开城迎驾，可见人民拥戴大王。如果大王不察民情，反而要坑死壮丁，外黄城以东还有十几座城，听说此事谁还敢迎降？反正降也是死，不降也是死，抗拒或许还有一线希望。试想，彭越必向汉求援兵来攻，大王处处受阻，就算是处处打胜，也得把心力费尽。这就叫有害无益。”本来项羽当时就约定好了半月回去，此时已过了几天，如果前面十几座城遇阻，就会耽误时间坏了大事。他反复权衡利弊后，终于答应了小儿的要求，还取了几两黄金送给了小儿。

从上述案例可以看出，口才确实奇妙而非凡，它虽看不见、摸不着，但举手投足之间，可以令风云变幻，这就是其特有的魅力及其非凡的作用。当今社会已进入一个高速发展的信息时代，人与人之间交流频繁，口才所呈现出的作用不言而喻。

一个口才卓越的演讲家会让人难忘，但不一定会打动我们去做什么事情。

我们没有被打动，是因为看上去演讲者都没被自己打动。连自己都无法被打动的事情，对我们又有什么意义呢？

在你的事业道路上，你最终将到达一个重要的路口：那就是“演说”与“沉默”的交叉点。

选择演说，则你的事业轨迹将会继续向上；

选择沉默，你的轨迹则有可能会转弯，然后朝水平方向延伸。

当然，你可以选择容易走的那一条路。然而，阻力太少的路通常是走不远的，而且，如果路途平坦，回报就会相对较少。

不管怎样，为了将来的选择，你要从今天开始就做好准备。

自我介绍直接影响“第一印象”

自我介绍是向别人展示你自己的一个重要手段，自我介绍好不好，直接关系到你给别人的第一印象的好坏及以后交往的顺利与否。自我介绍不仅仅是展示自己的手段，同时，也是认识自我的手段。古人云：“知人者智，自知者明。”常言道：“旁观者清，当局者迷。”可见，要想认识自我，给自己一个准确的定位不是一件容易的事情，而通过自我介绍，会对自己进行一个有意识的剖析。

一段短短的自我介绍，其实是为了开展更深入的面谈而设的。

王雩，现任海岗国际投资有限公司总经理，曾任某著名世界500强企业营销总监，曾任多家外资公司区域销售经理，有十多年的销售实战与管理经验，在业内享有盛誉。在她开始做销售的时候，王雩总是为自己的名字感到非常烦恼，因为很多人都不知道她名字中的“雩”字怎么读，经常收了名片后往兜里一揣就不记得她了。有一次，一个客户告诉她，广东人说取生僻的名字会让人生缺少很多机会，于是王雩决定以后一定要让客户记住她的名字。

在以后的每次自我介绍中，王雩都告诉对方：“雩与雨同音，是古代求雨的一种祭祀，广东人说求雨（雩）便是求财，你跟我做生意，永远不会吃亏，因为我已经把亏字写到自己的头上了。”这个特别的自我介绍不仅让对方记住了王雩这两个字，也记住了她这个人——一个乐于吃亏的人，一个愿意为客户做任何事情的人。“当你没有很多时间介绍很多其他东西的时候，你永远有的时间便是介绍自己的名字。”王雩说，销售员把自我介绍做到极致的时候，就是用30秒钟让别人记住你并跟你做生意。“用30秒去告诉别人你的定位，然后用一生做你承诺的事情。”

想自我认识一矢中的，首先必须知道你能带给公司什么好处。当然不能空口讲白话，必须有事实加以证明。

最理想的就是能够“展示”过去的成就。例如你曾为以往的公司设计网页，并得过奖项或赞扬。当然，这些例子都必须与现在公司的业务性质有关。

职位越高，自我认识就越重要，应将个人的成败得失记录在日记中。这样，就可以时刻都清楚自己的弱点与强项。

清楚自己的强项后，便可以开始预备自我介绍的内容：包括工作模式、优点、技能，突出成就、专业知识、学术背景等。

自我介绍的时间一般为3分钟，在时间的分配上，第一分钟可谈谈学历等个人基本情况，第二分钟可谈谈工作经历，对于应届毕业生而言，可谈相关的社会实践，第三分钟可谈对本职位的规划和对于本行业的看法。如果要求在1分钟内完成自我介绍，那自我介绍就要有所侧重，突出一点，不及其余。

在实践中，有些应聘者不了解自我介绍的重要性，只是简短地介绍一下自己的姓名、身份，然后补充一些有关自己的学历、工作经历等情况，大约半分钟左右就结束了自我介绍，然后望着考官，等待下面的提问，这是相当不妥的，白白浪费了一次向面试官推荐自己的宝贵机会。而另一些应聘者则试图将自己的全部经历都压缩在这几分钟内，这也是不明智的做法。合理地安排自我介绍的时间，突出重点是首先要考虑的问题。

一些人力资源专家指出，自我介绍可以事前准备，也可以事前找些朋友做练习，但自我介绍应避免书面语言的严整与拘束，而应使用灵活的口头语进行组织。切忌以背诵朗读的口吻介绍自己，如果那样的话，对面试官来说将是无法忍受的。自我介绍还要注意声线，尽量让声调听来流畅自然、充满自信。

自我介绍时要突出成绩，这些成绩必须与现在应聘公司的业务性质有关。在面试中，你不仅要告诉考官你是多么优秀的人，更要告诉考官，你如何适合这个工作岗位。那些与面试无关的内容，即使是你引以为荣的优点和长处，你也要忍痛舍弃。

在介绍成绩时，说的次序也极为重要，应该把你最想让面试官知道的事情放在前面，这样的事情往往是你的得意之作，可以让面试官留下深刻的印象。

自我介绍时，要突出个人的优点和特长，你可以使用一些小技巧，比如可以介绍自己做过什么项目来验证自己具有某种能力，也可以适当引用别人的言论，如老师、朋友等的评论来支持自己的描述。但无论使用哪种小技巧，都要坚持以事实说话，少用虚词、感叹词之类。自吹自擂一般是很难逃过面试官的眼睛的。至于谈弱点时则要表现得坦然、乐观、自信。

在自我介绍时要调整好自己的情绪，在介绍自己的基本情况时面无表情、语调生硬；谈及优点时眉飞色舞、兴奋不已；在谈论缺点时无精打采、萎靡不振，这些都是不成熟的表现。对于表达，建议大家可以找自己的朋友练习一下，也可以先对着镜子练习几遍，再去面试。

有一点必须谨记：自我介绍中话题所到之处，必须突出自己对该公司做出的贡献，如增加营业额、降低成本、发掘新市场等。

编排内容的次序亦极其重要，是否能紧抓听众的注意力，全在于事件的编排方式。所以排在头位的，应是你最想他记得的事情。而这些事情，一般都是你最得意之作。与此同时，可呈上一些有关的作品或记录增加印象分。

身体语言也是重要的一环，尤其是眼神接触。这不但令对方专心聆听，也可表现出自信。

曾有一项报告指出，日常的沟通，身体语言所占比重也很大。所以，若想面试成功，便应谨记注意一下你的身体语言。

一句话说到“顾客”心坎里

我们与人说话，要想收到“心有灵犀一点通”的效果，就要理解人们的合理需要，顾及人们的自尊心，要做到这一点，我们在谈话的时候就要经常注意“转换角度”，即善于“站到对方的立场上，从对方的观点来观察问题，如同用你的观点一样”。

如果在社交活动中不能根据交际对象的心理，选择恰当的语言形式，挫伤他人的自尊心，后果又将如何呢?

詹丽颖心地善良、待人热情，常常给人以最无私的帮助，可是周围的人却有些厌恶她。这是为什么呢？原来詹丽颖在社会交往中违背了言语交际所应该遵循的尊重别人隐私原则。所以，虽然她主观愿望很好，结果却适得其反、事与愿违。熟人、同事、朋友之间为增进友谊而交际，说话“随便”一点儿本无可非议。但是，这种“随便”应该掌握一定的分寸，应该有一个限度，因为每个人心灵中都有自己神秘的一隅，交谈时，应该顾及对方的自尊心，以免使人陷入难堪的境地。

詹丽颖曾对一位因发胖而羞赧的女同事高声说道：“哟，你又长膘啦？你爱人净弄什么给你吃，把你喂得这么肥啊?”发出这一串语言信号时，詹丽颖本没有丝毫恶意，可是，这些话语无疑激起了对方的反感以至恼怒，不仅达不到亲近的交际目的，而且极大地拉开了双方的心理距离。

人失去丈夫是件最不幸的事。一位朋友刚刚死了丈夫，正处在悲痛之中，詹丽颖却极端热情地邀请人家去看外国喜剧影片。她嘻嘻哈哈地说："装什么假正经呀！谁不想开开心、乐一乐。"这种亲近别人的说话方式，无论如何是令人难以接受的，它无情地破坏了对方的心理平衡。

大家也许都有这样的生活体验，有的人在行为上、物质上热心地帮助了别人，但由于在特定场合下措辞不当，使对方的感激之情烟消云散、化为乌有，詹丽颖就是这种人。比如，她给一位新娘子买了一枚精巧的胸针，对方十分感谢，她却这样议论人家的衣着："哎呀，你这身西服剪裁得真不错，可就是颜色嘛，跟你里头的衬衫太不协调！干吗非这么桃红柳绿地搭配？应该有点儿中间过渡色的东西点缀，平衡一下才好。"人们在办喜事时，总喜欢听些吉利话，新娘子爱漂亮，为参加婚礼精心打扮过，她却说人家"桃红柳绿"。因此，尽管詹丽颖的行动使交际对象感动，可是她的言谈却给对方增添了不快。由此可以看出，帮助别人时，应该多行动、少言语。詹丽颖不了解这种情理，所以没有收到预期的交际效果。

詹丽颖的言行，是探索言语交际规律的一面镜子，我们在言语交际过程中应引以为戒。

讲得最顺畅的演讲不一定就是好的演讲，这种演讲虽然流畅优美，但是如果缺少诚意，那就失去了吸引力，如同一束没有生命力的绢花，很美丽但毫不鲜活动人，缺少魅力。因此，把你的真诚注入日常交流之中，把自己的心意传递给对方，当听者感受到你的诚意时，他才会打开心门，接受你讲的内容，彼此之间才能实现沟通和共鸣。

有些小孩在做游戏时，常会说“这是我的”、“我要”，这是自我意识强烈的表现。在小孩子的世界里，这或许无关紧要，但有些成年人也是如此。他们说话时，仍然强调“我”、“我的”，这给人自我意识太强的坏印象，人际关系也会因此受到影响。

《福布斯》杂志上曾登过一篇“良好人际关系的一剂药方”的文章，其中有几点值得借鉴：语言中最重要的5个字是：“我以你为荣!”语言中最重要的4个字是：“您怎么看?”语言中最重要的3个字是：“麻烦您!”语言中最重要的两个字是：“谢谢!”语言中最重要的一个字是：“你!”那么，语言中最次要的一个字是什么呢？是“我”。

亨利·福特二世描述令人厌烦的行为时说：“一个满嘴‘我’的人，一个独占‘我’字、随时随地说‘我’的人，是一个不受欢迎的人。”

农夫甲和农夫乙忙完了田里的工作，一起回家。他们走在路上，农夫甲忽然发现地上有一把斧头，就跑过去捡起那把斧头。他说：“我们发现的这把斧头还挺新啊!”就想带回家占为已有。农夫乙看到这把斧头是农夫甲发现的，应该归他所有，就对农夫甲说：“你刚才说错了，你不应该说‘我们发现’。因为这是你先看见，所以你应该改口说‘我发现了一把斧头’才对。”他们两个继续往前走，农夫甲的手上仍然拿着那把斧头。过了一会儿，遗失这把斧头的人走了过来，远远地看见农夫甲的手上拿着他的斧头，就匆匆忙忙地追上来，眼看对方就要追上来了，这时候农夫甲很紧张地看了农夫乙一眼，然后说：“怎么办？这下子我们就要被他捉到了。”农夫乙听他这么一说，知道甲想把责任归咎到两个人的身上。于是农夫乙就很严肃地对农夫甲说：“你说错了，刚才你说斧头是你发现的，现在人家追来了，你就应该说‘我快被他捉到了’，而不是说‘我们快被他捉到了’。”

在人际交往中，“我”字讲得太多并过分强调，会给人突出自我、标榜自我的印象，这会在对方与你之间筑起一道防线，形成障碍，影响别人对你的认同。

因此，会说话的人，在语言传播中，总会避开“我”字，而用“我们”开头。

有人曾经做过调查，看看人们每天最常用的是哪一个字，那就是“我”字。为什么人们对“我”字特别关心呢？就是因为大多数人都喜欢被人称赞，也喜爱称赞自己。因此，你若想得到你所希望得到的，就要避免与对方争高低，而要维护他人的自尊心。为了使对方的面子不受伤害，我们千万不要常把“我”字挂在嘴上，别说“我公司”，而说“我们的公司”。

说话好像驾驶汽车，应随时注意交通标志，也就是要随时注意听者的态度与反应。如果红灯已经亮了仍然向前开，闯祸就是必然的了。

人们最感兴趣的就是谈论自己的事情，而对于那些与自己毫无相关的事情，大多数人觉得索然无味，对于你认为具有最大兴趣的事情，常常不仅很难引起别人的关注，而且别人还觉得好笑。年轻的母亲会高兴地对人说：“我们的宝宝会叫‘妈妈’了。”她这时的心情是高兴的，可是旁人听了会和她一样高兴吗？不一定。谁家的孩子不会叫妈妈呢？你可不要为此而大惊小怪！这是正常的事情，如果不会叫妈妈的孩子才是怪事呢。所以，你看来是充满了喜悦，别人不一定有同感，这是人之常情。

竭力忘记你自己，不要总是谈你个人的事情、你的孩子、你的生活。人人喜欢的是自己最熟知的事情，那么，在交际上你就可以掌握他人的特点，尽量去引导别人说他自己的事情，这是使对方高兴的最好方法。你以充满同情和热诚的心去听他叙述，你一定会给对方以最佳的印象，并且对方会热情地欢迎你、热情地接待你。

说话时，把“我的”变为“我们的”，可以巧妙拉近双方距离，使对方更容易接受你和你的话。

如果你在说话中，不管听者的情绪或反应如何，只是一个劲儿地提到我如何如何，那么必然会引起对方的反感。如果改变一下，把“我的”改为“我们的”，这对你并不会有任何损失，只会获得对方的好感，使你同别人的友谊进一步地加深。

我们经常看到记者这样采访：“请问我们这项工作……”或者“请问我们厂……”经常发现演讲者使用“我们是否应该这样”、“让我们……”等表达方式。这样说话能使你觉得和对方的距离接近，听起来和缓亲切。因为运用“我们”这个词，也就是要表现“你也参与其中”的意思，所以会令对方心中产生一种参与意识。比如说“你们必须深入了解这个问题”，便拉开了听众与演讲者的距离，使听众无法与你产生共鸣。如果改为“我们最好再做更深一层的讨论”，就会缩短与听众之间的距离，使气氛立刻活跃起来。

学会幽默，凸显个人趣味

幽默是社会交往中不可缺少的艺术。在会场或课堂上，一席趣语可使笑声满堂、气氛和谐而轻松，增强接受效果；在交际谈话时，一则幽默常令人捧腹不止，在笑声中交流也深化了感情。

一则幽默就是一个智慧。它是用巧妙的线索和故弄玄虚、柳暗花明的情节仔细编织而成的。讲笑话的目的是要获得一种突然的出人意料的高潮，即引起听众哄然大笑。当然，一个说笑话的能手都会使用一些吸引你注意力的动作：一个出奇的微笑、耸肩、乐融融的点头，所有这些，都是为了影响听众。

如果你没有一副天生的好口才和说笑话的技巧，下面是使你不把说笑话的材料弄糟的基本要点。

如果你说："比尔·盖茨，一位企业家正迈步走来"，这时你是向听众暗示上述人物将会再次提及。如果不是如此，故事情节就会被冲淡直至丧失。因为你给听众制造的欲望，没有在故事的结尾加以满足。说笑话的开场白不要用一种夸张的许诺或可怜的道歉："它肯定使你捧腹大笑"、"我不知道能否讲好"等。要知道，过度吹牛和过分谦虚都会引起听众的反感。说幽默故事也不要以“这个医生”或“这个杂技演员”开始。如果是这样，你的听众会无意识地问自己“哪个医生?”或“哪个杂技演员?”这就难免会分散他们的注意力。下面这则笑话若添加不必要的“这个”、“这些”或加些累赘的人物介绍，甚至人物的名字，那就势必失去其幽默风趣的韵味。

三个斜视的囚犯站在一个斜视的法官面前。法官怒目注视着第一个囚犯，厉声问道：“你叫什么名字?”

“伊莱·克兰茨，”第二个囚犯抢答。

“我不是跟你说话!”法官怒斥。

“我什么也没说呀!”第三个囚犯大声嚷道。

从这则笑话中可见讲笑话需字斟句酌，力求简洁扼要，用不着过分地渲染笑话中的人物背景。

微笑、高兴地暗笑，总之精神要振奋。不要呈现阴郁表情，没精打采的，即使是说一则三言两语的笑话，也不要如此。“一位外交官绝不会忘记一位妇女的生日，但却从记不起她的年龄。”“一个惹人厌烦的家伙离开一间房子，会使你感到一位迷人的佳人款款地走进房子。”像这样寥寥的几句，也要郑重其事地讲，但自己切莫未讲先哈哈大笑起来。

如果听你说话的不止一个人，请注意听众的每一张脸。不要眼望天花板，也不要看墙角的鸟笼。这会使你的听众也去注意那里，去观看那些引起你注意的物体。最好的方法，是将全部听众都视为一个人。

不要刚想到一则笑话就讲出来，要等到环境与气氛适合于说笑话的时候再讲出来。另外，还要准备好适当的词句以及故事高潮的韵律。笑话结束语要干净利落、欢快、自信。

一天，纪晓岚与和珅在后花园饮酒。突然，一条狗从旁边跑过。和珅故意问：“是狼（侍郎）是狗?”当时纪晓岚官居侍郎，和珅官居尚书。纪晓岚立即应声答道：“(尾巴）下垂是狼，上竖（尚书）是狗。”

在这里，纪晓岚与和珅都运用了谐音双关的语言技巧互相开玩笑，开得诙谐、开得幽默。该故事紧凑、不拖沓，语言也精练。

说话不仅要注意方式、方法，更应该具有使人快乐的幽默感。幽默的意义不在滑稽的表现，而是发挥人性的温暖，绽露理性的笑容，使听众有如看完小丑影片后产生的喜悦感。此外，幽默也代表你乐观开朗的个性，并不是刻意装饰的伪善动作。

言简意赅，尊重“顾客”的时间

威廉·詹姆士教授主张：在一场演讲当中，最好限定只讲一个论点。他所指的一场演讲，是指持续约一个小时的演讲。或许那位演讲人水平真的异常高超，但是所得到的结果一定不会如己所愿。况且，对任何新手来说，这难免是要出差错的。许多演讲之所以讲不清楚，就是因为演讲人企图在指定时间内创下世界纪录。在演讲中他就必须从一个论点跳到另一个论点，敏捷快速。但事实上，能做到的可能性几乎为零。

假定你现在应邀到“劳工联盟”发表演讲，你应该只选一个主题，而且仅只一样才是明智之举，你可以就劳工联盟的题材选出一个问题来谈，然后涵盖足够的资料，描述得详尽一些。但是千万别想在短短的 3 分钟或 6 分钟之内，告诉他们联盟何以诞生、如何雇用员工、完成了些什么任务、做了些什么不对的事，或是解决了哪些纷争，等等。假如你执意要那样做的话，那么，对于你所讲的内容将没有人能够有个十分清楚的概念，甚至会弄得摸不着头脑。对每个主题都只有模糊的轮廓，而没有清楚的概念。

所以，还是选择单一的主题，这样的谈话才会给听众留下深刻的印象，这样不但使主题清晰明了，而且容易牢记于心。

语言简洁是人们谈话应遵循的一个总规则，因为它是吸引、打动听众的必要条件。

语言简洁，是指语言表达要简明扼要、言简意赅，即简中求准。古人云“立片言以居要”，讲的就是这个道理。

简中求准有“言简而意丰、言简而意准、言简而意新”三个原则。既概括精当，又凝练精警，用最少的文字表现最丰富的内容。“惜字如金”，有时候很有必要。

在剑桥大学的一次毕业典礼上，整个大会礼堂里坐着上万名学生，他们正在等候着伟人丘吉尔的到来。在随从的陪同下，丘吉尔准时到达，并慢慢地走进了会场，走向讲台。

站在讲台上，伟人脱下他的大衣交给随从，接着摘下帽子，默默地注视着所有的听众。一分钟后，丘吉尔缓缓地说了一句话：“Never give up!”（“永不放弃!”）

说完这句话后，丘吉尔穿上了大衣，戴上了帽子离开了会场。整个会场鸦雀无声，一分钟后，掌声雷动。

这是丘吉尔一生中最后的一次演讲，也是他最精彩的演讲。

由上述可见，有时候，语说贵精不贵多。一句话演讲，抛开拐弯抹角与旁生枝节，抓住要表达的东西的精髓，巧作对比，以求达到一语中的、一招制胜的效果。

倾听别人更有震撼力

“沉默是金。”

这句话表达出一个观点：我们认为人们说得太多而听得太少。我们不相信那些话，但是我们相信并且褒奖那些乐于倾听的人。

“她是一个伟大的倾听者”、“他很认真地听我说话。”

商业广告里经常加入这样的特色：“我们在倾听。”他们认为消费者重视被倾听，因为这意味着公司重视客户的需求，并会给他们提供完美的解决方案。

因此，“更好的倾听能产生更佳的解决方法”。

著名推销员乔·吉拉德说过这样一句话：“上帝为何给我们两个耳朵一张嘴？我想，意思就是让我们多听少说！你倾听得越长久，对方就越接近你。”

再也没有比拥有一个忠实的听众更令人愉快的事情了。对于倾听者来说，在人际交往中，多听少说、善于倾听别人讲话是一种很高雅的素质。因为认真倾听别人的讲话，表现了对说话者的尊重，人们往往会把忠实的听众视作为完全可以信赖的知己。对于推销员而言，积极地倾听顾客的言论，有助于了解与发现有价值的信息。

一位成功的保险推销员对如何使用倾听这个推销法宝深有体会：“一次，我和我的朋友去一位富商那儿谈生意，上午11时开始，过了6小时，我们步出他的办公室来到一家咖啡厅，放松一下我们几乎要麻木的大脑。可以看得出来，我的朋友对我谈生意的方式很满意。第二次谈判定在午餐后2小时开始直到下午6时，如果不是富商的司机来提醒，恐怕我们谈得还要晚。知道我们在谈些什么吗？

“实际上，我们仅仅花了半小时来谈生意的计划，却花了9个小时听富商的发展史。他讲他自己是如何白手起家创造了一切，怎么在年届50岁时丧失了一切，而后又是如何东山再起的。他把自己想对人说的事都对我们讲了，讲到最后他非常动情。

“很显然，多数人用嘴代替了耳朵。这次我们只是用心去听、去感受。结果是富商给他40岁的女儿投了人寿险，还给他的生意投了10万元的保险。我对自己能否做一个聪明的谈判人并不在意，我只是想做一个好的倾听者，只有这样的人才会到哪儿都受欢迎。”

在美国，曾有科学家对同一批受过训练的保险推销员进行过研究。因为这批推销员受过同样的培训，业绩却差异很大。科学家取其中业绩好的10%和最差的10%作对照，研究他们每次推销时自己开口讲多长时间的话。

研究结果很有意思：业绩最差的那一部分推销员，每次推销时说话的时间累计为30分钟；业绩好的10%，每次说话的时间累计只有12分钟。

大家想想，为什么只说12分钟话的推销员的业绩反而高呢？

很显然，他说得少，自然就听得多，听得多，对顾客的各种情况、疑惑、内心的想法自然了解得多，自然他就会采取相应的措施去解决问题，结果业绩自然优秀。

我们并不在乎别人倾听之后作出的回答。比如，当一个朋友倾听我们的陈述时，我们并不在乎他是否能给出什么建议。我们真正看重的是他是不是在认真地倾听。

以暴露疗法为研究重点的现代心理学家明确地意识到，倾听自己表达问题会让人们的陈述变得简洁明了。在该疗法里，倾诉者并不在乎倾听者的回答，他在乎的是倾听者的态度。令人满意的只是被倾听时的那种感觉。

假如你想让大家都喜欢，那么就尊重别人，让对方认为自己是个重要的人物，满足他的成就感，而最好的办法就是谈论他感兴趣的话题。千万不要喋喋不休地谈论自己，而要让对方谈论他的兴趣、他的事业、他的成功、他的孩子，等等。

善于倾听，还能使你有好人缘。因为一般人都喜欢讲，不善于听。因此，他喜欢讲，你正好喜欢听，那自然是一种特别和谐、美妙的组合。

善于倾听，意味着你有足够的好奇心，去强迫自己对别人感兴趣。如果你以为生活像剧院，自己就站在舞台上，而别人只是观众，自己正在将表演的角色发挥得淋漓尽致，而别人也都注视着自己。如果你有这种想法和习惯，那你就变得自高自大，以我为中心，也永远学不会聆听，永远无法了解别人。

从现在开始，对别人多听多看，将他们当作世上独一无二的人对待，你将发现你比以往任何时候更善于与人沟通。

推销员倾听时应该注意技巧。通常推销员倾听客户谈话时容易出现的坏习惯就是摆出倾听客户的样子，内心却时刻等待机会将自己想说的话说完。这种沟通的方法效果相当差。因为推销员听不出客户的意图，听不出客户的期望，推销员也就没有目标。培养倾听的技巧有以下几种方法：

1. 培养积极倾听的态度，站在客户的立场考虑问题，了解客户的需求和目标。推销时应该反问下自己：“既然客户有耐心倾听我对产品作介绍，我为何没耐心倾听客户对需求作陈述呢?”将客户的陈述当作是一次市场调查也是相当不错的主意。

2. 保持宽阔的胸怀。不要按照自己听到的内容来作出判断，对客户的陈述不要积极反驳，以免影响沟通的正常进行。

3. 让客户把话说完。不要打断客户的谈话，客户也没有时间整天对你这样说下去，他的倾诉也是有限度的，推销员应该让客户把话说完，让他把自己的需求说清楚，才能够依照客户的表述来决定自己该说什么和怎么说、该做什么和怎么做。

4. 不要抵制客户的话。即使客户对推销员采取批评的态度，也应该让客户把话讲完，以便找到可以解释的方法。抵制客户的话往往会导致客户对你的话也采取抵制的态度。

5. 站在客户的立场上想问题。客户的倾诉是有理由的，他不会平白无故也不会不着边际，关键问题就是推销员如何理解客户的诉说。推销员应该从客户的诉说中发现客户内心的真正想法，以便采取有针对性的推销。

第十章
职场中要勇于展示自己

要做好品牌销售，不能只凭一股蛮力。所谓有勇无谋，永远都是吃力不讨好的行为。有干劲、有实力，是推销非常重要的前提条件，但是，推销也得有策略。乱冲乱撞，从来就不能带来成功，所谓方法，其实就是要掌握好推销中的销售规律，再对症下药，如此，即使不能万无一失，也必能一帆风顺。

制作简历是展示自己的第一课

制作简历是大学生走向职场的第一步，也是职场必修的一门课。

简历需不需要简练的问题让很多人困惑。今年刚刚毕业的小徐，至今也没弄明白这个问题的确切答案。当初，他做的第一份简历也和其他同学一样，制作了一个简历封面，彩色打印后很是精美。但在应聘过程中，小徐发现简历封面并没有起多大的效果，有时反而是一个累赘。

给简历设置封面，越来越不被企业人力资源认可。这种在求职者看来“用心良苦”的制作，在企业人力资源看来却是多余的，既浪费了他们的时间，又浪费了纸张。但事情并不是绝对的，如果你是学设计的，一个设计精美的封面往往成了你简历的“撒手锏”。

小亮毕业于某大学的新闻学院，他求职的目标是新闻媒体。与别人不同的是，他的简历永远不是一页，而是一本。除了个人的基本情况、实践经历、获得的荣誉等常规项目之外，他还会附上自己在报社实习期间发表的作品。由于作品有100多篇，所以他的简历最厚时就像一本书。小亮认为，厚的简历才能反映出自己的成果和做事的态度。

一位人力资源管理者的意见可能颇有代表性：他们都喜欢简练的简历。

这也是大多数知名企业招聘官的普遍看法。但对于某些注重实际经验和表达创意的行业，也可以多附带点自己的作品，但不用太多，能表现出自己的能力即可。

某建筑学院的本科生小张正在应聘一家小型房地产公司。他被人力资源管理人员询问道：“你来我们公司期望的薪水是多少?”“4000元!”“你知道吗，我们公司的中层人员才拿这么多，刚进的大学生不超过1700元……”最后，这位人力资源负责人以“欢迎你下次再来应聘”送走了那位大学生。

薪水对于大学生求职者来说，是一个两难的问题。如果回答过高，企业方可能会认为你要求过高；如果回答过低，企业方也可能会认为你无法胜任工作。因此专家指出，聪明的做法是事先了解这个行业和所应聘公司的普遍薪酬水平情况，如果面试的时候，招聘人员提出薪水问题，大学生们就可以根据自己掌握的情况来回答。

小赖是一位药学研究生，她的职业目标首选高职院校教师，其次是高校辅导员，最后是医药公司研发人员。为此，她设计了3份简历，应聘高职院校教师的简历突出自己的科研成果，应聘高校辅导员的简历就突出自己的学生工作经历，应聘医药公司研发人员的简历就突出自己的实验操作技能。3份简历投往不同的岗位，她认为，这样才是有的放矢。

人力资源专家指出，千万不要用同一份简历去投递所有的职位，要讲究针对性，针对每一个公司和职位制作不同的简历。在简历中重点列举与所申请公司及职位相关的信息，弱化对方并不重视的内容，这样才容易脱颖而出。

你是否喜欢现在的工作

现代职业种类多得让人眼花缭乱，看起来似乎很多工作都适合自己。其实并不是每个人都能胜任任何一种工作。有人看到别人做某种工作做得很好，就觉得自己同样可以做，但真的做了之后才发现根本不是那么回事。这是由于职业差异和我们个体差异所造成的。

对你来说，工作是必不可少的，而且工作的好坏直接影响到你生活的质量，甚至你的生存品质，因此工作对你来说是相当重要的。而更重要的是，你与你的工作之间的洽合度：你是否喜欢自己的工作？

找到一份适合的工作如同买了一件称心如意的衣服，自己穿了合适，别人看了也觉得舒服。在适合自己的工作环境里工作，状态会很放松，像鱼儿在水中游泳，无论做什么都觉得得心应手，也很容易出成绩。当你的老板觉得你将这份工作做得很好的时候，他就会很放心地将相关的工作交给你做，同时会欣赏并器重你，认为你是个有能力的人。这样你在工作岗位上得到提升和嘉奖的机会就比较多。

称心的岗位会让你的工作变得轻松有趣，你会对你所从事的行业、职业越来越感兴趣。那么，与这个职业相关的知识你会掌握得越来越多，专业水平也会不断提高，于是你将有可能成为同行中的佼佼者。

一个人所从事的工作如果是他所不喜欢的、厌倦的，甚至是憎恨的，那么他对这份工作便缺乏了积极性，他无法从工作中获得乐趣，因而他早上睡懒觉，不愿起床，整天心情不佳，干任何与工作有关的事都缺乏热情，对待工作抱一种得过且过的思想，“做一天和尚撞一天钟”，有时甚至连钟都懒得撞。如果你处于这种境况之下，我建议你应好好地思考一下了，既然如此地厌倦你目前所从事的工作，那么为什么不可以换掉它呢？

事情明摆着，你没有必要将你的时间与精力花费在你毫无兴趣的工作上，你应该去找一个你所喜欢的工作。也许你会因为家庭或其他原因不敢贸然放弃你目前的职业，尽管你做这样的工作很痛苦，但是你却仍然要依赖它。其实这种想法是错误的，因为即使今天你还离不开它，但你完全可以为明天抛弃它而做积极的准备。

俗话说“量体裁衣”、“量力而行”。所以，正确选择适合自己的工作十分重要。

你应该明白，从前工作时所享受到的职业安全保障如今已不复存在，如果你所从事的不是你所热爱的一项工作，那么你就无法依靠你的才能、创造力和职业道德去实现自己的目标。也许你对许多领域的事物都充满着浓厚的兴趣，但是最终你所选择的工作是否就是你所喜爱的，这至关重要。如果你还没有真正从事着你所喜爱的工作，那么你就应该让自己有些行动了。如果你既不喜爱你目前所从事的事业，又不敢放弃它，甚至找出一大堆你之所以仍然依赖它的理由来说服自己，那么你就很可悲了。我的工作理念是：事实上，工作对于一个人来说，尤其是处于当代社会中的人来说，完全是一种冒险。你今天所从事的职业表面上看来似乎具有某种安定性，可正是这种所谓的安定性慢慢地消磨了你的斗志，而当风险一旦降临到你的头上，你就难以接受，并且要为此付出惨重的代价。

坦然面对风险，对于你的人生来说，也是一种享受。你要知道，天下没有什么不可能的事，事实上你所顾忌的只是你不敢迈出的那第一步，只要第一步迈出去了，你就会发现，选择自己喜爱的工作原来如此简单。而且一旦你迈出了这一步，选择了你所喜爱的工作，那么你所得到的，便是一个双赢的局面。

不要给自己找任何满足于现状的借口，因为这些借口只能让你浪费你的人生。你现在正面临着一个去与留的抉择，去选择一个你所喜爱的工作，而放弃你所不爱的吧。最主要的就是：不要把自己困于对风险的畏惧之中。

一生当中，你可能会有数个职业生涯，也许要尝试数次才能找到适合自己的职业。某人曾做过两个职业，先是当教授，后来又成为作家、演讲者与顾问。他从事第二个职业时比第一个职业要快乐许多，收入也较多。经过尝试与错误的抉择，我们不断成长。

如果你想自己创业，有一句话要提醒你：不要花钱买工作。许多人借了大笔的钱，投入毕生积蓄，无时无刻不在工作，但回收却低于指数型基金。他们不仅在金钱上回收较差，也浪费了许多时间，利用这些时间他原本可以赚一份薪水、与家人共处，或是做自己想做的事情。但时间就是生命。在自行创业之前，要了解那个行业，并请客观第三者评估那个行业的赚钱潜力如何。

推销三宝：微笑、点头、赞美

作为一个推销员，你能否把自己的产品推销出去，往往取决于你留给客户的第一印象。在客户的第一印象中，你的衣着打扮固然很重要，但最重要的是你的精神状态。所以，当你踏入客户的办公室时，如果你让客户首先看到的是一张阳光灿烂的笑脸，那么，你留给客户的第一印象就非常好，因为亲切而又自然的笑容永远是受欢迎的。

拜访客户时，如果你带着一张灿烂的笑脸进门，它可以让你省去很多程序性的介绍和麻烦。微笑就像三春的阳光，能融化堆积在人们心灵中的冰雪，改变客户的心情，制造出你与客户交流所需要的和谐气氛，当然，这种微笑首先也会改变你自己。对于推销员来说，微笑是一张心灵的名片，必不可少。你呈递给客户的第一张名片如果是笑容的话，那对于你的客户来说，它远比你身上穿什么样的衣服更重要。

作为一个推销员，如果脸上总是能面带微笑的话，那对于你来说就是一笔巨大的无形资产。即使你的笑容不是那么阳光灿烂，那也不重要，重要的是你时常保持着微笑。在人们的工作和生活中，没有一个人会对一位终日愁眉苦脸的人产生好感。相反，一个经常面带微笑的人，往往也会使他周围的人心情开朗，受到周围人的欢迎。在一般情况下，如果你对别人皱眉头，别人也会用皱眉头回敬你；如果你给别人一个微笑，别人就会用更加灿烂的微笑回报你。

作为推销员，你必须学会笑，而美好的笑容是可以练出来的！就像有人在当文秘前不会打字，做了文秘后就必须学会打字一样。过去你不会微笑，现在做了推销员就必须学会微笑，这是这种职业最基本的要求。如果你现在笑得还不自然，那你就要在家里对着镜子练习笑。你可以先练习做各种各样的笑法，从中选出你自己认为最有魅力的笑容。然后，让自己反复练习这种笑容，直到最后你运用自如。一开始的时候，如果你自己把握不好，可以请家里的人、同事和朋友给你当参谋，并把他们当作客户进行模拟练习。

学会微笑后，特别是在拜访客户的时候，就要养成微笑的习惯。因为你一微笑，对方就会产生亲切感。对方对你产生了好感后，你们之间的交流沟通就会变得自然多了，而你脸上的笑容也会越来越自然、亲切。如果你的微笑真诚到炉火纯青的地步，就算是见再刁钻的客户，你的笑容也会自然而然地流露出来。

有些推销员的业绩老是上不去，就是因为他们老是首先考虑自己的面子和利益，根本不考虑客户的需求。他们的脸上永远没有微笑，表情总是冷若冰霜。一旦与客户发生意见分歧，他就扯着嗓门与客户据理力争。没有微笑，哪还有生意？你只有真心热爱自己的本职工作，才可能有真正天真无邪的笑容。热爱自己的工作、对它充满信心，这就是你微笑的真正源泉。

当你面对客户那张冷冰冰的面孔和拒人千里之外的态度时，你如何打开僵局？当你多次碰壁、情绪降到最低点时，你如何再次去面对下一家客户……这类问题对于每一个推销员来说，可以说是家常便饭。面对这种冷遇和挫折，一个优秀的推销员往往会让自己先对自己微笑，然后，带着这种微笑出现在下一个客户的面前。

赞美是一份双向的礼物，对赠予者及接受者均有益处。如果赞美发自内心，多赞美别人总是好的，但在工作场所，赞美则需要遵从特定的规则。如果有人看起来很棒，一定告诉他／她；如果有人工作效率一直很高，承认这个事实并及时给予赞美。

要真诚。假意赞美很容易被识破，并破坏他人对你的信任。所以，如果一个人的演讲致辞很失败，不要赞美她的演讲，而是谈谈她的努力，感谢她抽出时间到场，并夸奖她的其他成就。

赞美需要具体化。“这道砂锅味道太棒了”好过“你是一个很棒的厨师”；“这份销售调研报告一针见血”好过泛泛而论的“干得好！”

赞美别人不要用比较的方式。绝不要将某人的成就与他人作比较。赞美需符合情景以及赞美者和赞美对象的关系。

感谢别人的赞美之辞，但不要回应：“你疯了？”“这没啥大不了的。”“哦，你不是认真的吧？”

永远不要对赞美进行辩解或表示不屑，这样是对赞美者的不尊重，质疑他/她的判断、标准、品位或真诚。报以微笑则是较好的回应方式，并适时为他人送上这样愉悦的体验。

职场新人必须要懂得职场“转型”

职场新人们必须要面对“转型”。只有完成了从“学校人”到“职场人”转型的过渡过程，才能搭起一架走向成功的桥梁。

对涉世未深、缺乏职业规划能力的毕业生来说，第一份工作存在着相当大的压力。

从高高的象牙塔走出来的他们怀抱的是理想化的思维方式，是指点江山的做事方法。然而就业压力大，选择余地小，这些残酷的现实使他们感受到理想与现实之间的落差。面对这些，职场新人们必须要适应“转型”。

职场新人们都要经历一段时间的实习，但是同样的实习经历，可以出现不同的出路和结局，关键是你自己的路怎么走，怎么才能把握实习机会为自己求职增加砝码。在实习过程中，职场新人们一定要摆平心态，在做事方面，首先要摆正自己的心态。一颗浮躁的心会带着你的眼睛在各个职位、各个企业之间来回游移，你会觉得这个工作你能做，那个你也能做，最后导致你连最简单的都做不好。

职业人最需要的就是敬业精神，职场新人要做的以日常性的事务工作居多，专业性的工作一般要经过企业的再培训之后才去做。要保持沉稳的心态，因为这是做好任何一份工作的关键。俗话说："良好的开端是成功的一半。"你首先要学会适应。学会适应艰苦、紧张而又有节奏的基层生活。你缺少基层生活经历，可能不习惯一些制度、做法，这时，你千万不要用你的习惯去改变环境，而是要学会入乡随俗适应新的环境。好高骛远、自命不凡，只能毁掉你的前程。

身处职场，一言一行、一举一动都要符合职场规范。礼仪是构成形象的一个更广泛的概念，包括了语言、表情、行为、环境、习惯，等等，相信没有人愿意因为自己在社交场合上，因为失礼而成为众人关注的焦点，并因此给人们留下不良的印象。

学校里学习的都是系统的理论，一科连着一科，科科有现成的教科书，有教授讲解，有助教辅导。到了工作岗位，实际动手能力靠培养、练习，而且，实际应用是多角度、全方位的，知识积累全靠自己探索。

在应届毕业生进入公司的时候，企业都会对职场新人进行员工入职培训，新人们要多学多看、多虚心请教，才能积累工作经验。以谦逊的态度去向别人请教，这并不是什么难事。放下架子，虚心请教，你会发现别人身上值得你学习的地方有很多，你自己身上也有别人值得学习的优点。虚心求教，进步很快，又能建立良好的人际关系，让自己很快融入集体中去，既受益匪浅，又让人喜欢。

机遇不会留给守株待兔的人

有一句谚语："通往失败的路上，处处是错失了的机会。坐待幸运从前门进来的人，往往忽略了幸运也会从后窗进来。"成功者之所以成功，是因为他敢于冲锋、主动进攻，善于抓住胜利的时机。机遇从来都不会落在守株待兔者的头上。

在人类社会的历史上，最吸引人的故事就是那些在困境中的人们通过努力达到成功的故事，这些故事讲述了人们怎样在黑暗中摸索，最终达到光明的境地；怎样久困于痛苦与贫困之中，不断摸爬滚打、克服艰难险阻，取得最后胜利。这些故事讲述了那些人如何在普通的岗位上化平凡为伟大，以及那些仅具有一般天赋的人如何靠着坚强的意志，经过不断地努力而最终成就大业的事迹。这些故事告诉我们一个真理：抓住了机会，就是抓住了成功。

成功的人从不怨天尤人，他们只知道尽自己所能迈步向前。他们更不会等待别人的援助，而是自助；他们不等待机会，而是自己创造机会。亚历山大在打完一次胜仗后，有人问他，假如有机会，他想不想把下一个城邑攻占？"什么？"他怒吼起来，"什么叫假如有机会？我需要的不是等待机会，即使没有机会，我也会制造机会！"美国钢铁巨头安德鲁·卡内基是个主动出击、超前预测、抓住机遇的高手。1865年，美国南北战争宣告结束，北方工业资产阶级战胜了南方种植园主。当时，全美沉浸在庆贺统一的狂喜之中。卡内基却清醒地预料到，战争结束后经济复苏在即，经济发展必然导致钢铁需求量剧增。他义无反顾地辞去了铁路部门报酬优厚的工作，创立了联合钢铁公司，后又演变为美国钢铁企业集团。

卡内基抓住了经济复苏的机遇，并获得了巨大的成功。

一个成功的人，应具有当机立断、把握机遇的能力。只要把事情审视清楚、计划周密，他们就不再犹豫，立刻勇敢果断地行事。因此，任何事情只要一到他们手里，往往就能够随心所欲、大获成功。

当初，比尔·盖茨的父母要他读研究生院，而不是办公司。最初，盖茨顺从了父母的意愿，攻读了研究生课程。但是，他感兴趣的还是办公司。于是，他和同学保罗·艾伦开始收集资料。

盖茨和艾伦通过长时间地收集资料、认真思考，确信计算机工业的触角即将伸向市场核心力量——广大的民众，计算机必将走进千家万户。他们认为，自己不能顺应甚至领导这一场计算机革命，就是被这一革命抛到后面去。

由于清醒地意识到了这些，所以盖茨和艾伦决定开办自己的计算机公司。但是，盖茨始终担心自己因开办公司而荒废学业会引起父母的不满，所以对辍学办公司的事情还有些犹豫。这时，是艾伦的一番话起了作用。

艾伦说："创办计算机公司的条件已经成熟，再不干就迟了，那样我们就会失去历史赋予我们的机遇，我们将遗憾终身，甚至被后人责备。"

公司很快成立了，但同时又面临着做硬件和做软件的选择。艾伦对计算机硬件感兴趣，而盖茨则对计算机软件情有独钟，他认为软件才是计算机的生命。很快，艾伦和盖茨放弃了自己动手试制新型计算机的念头。他们决定还是紧紧抓住他们最熟悉的东西——计算机软件。生产计算机花费太昂贵了，他们还没有足够的资金去冒险。“我们最终认为搞硬件容易亏损，不是我们可以去玩的艺术。”艾伦说，“我们两人的综合实力不在这上面。我们注定要搞的是软件——计算机的灵魂。”

后来的情形是几乎每一个地球人所熟知的：盖茨与艾伦缔造了微软帝国，取得了空前的成功。显然，盖茨和艾伦都是当今世界最善于抓住机会的人，他们几乎成了所有年轻人的榜样。盖茨与艾伦为了抓住机会而辍学，这无疑有些极端，但我们不能否认他们面对当时的情势所作出的抉择是英明的。

摩根诞生于美国康涅狄格州哈特福的一个富商家庭。摩根家族于 1600 年前后从英格兰迁往美洲大陆。最初，摩根的祖父约瑟夫·摩根开了一家小小的咖啡馆，积累了一定资金后，又开了一家大旅馆，既炒股票又参与保险业。可以说，约瑟夫·摩根是靠胆识发家的。

一次，纽约发生大火，损失惨重。保险投资者惊惶失措，纷纷要求放弃自己的股份，以求不再负担火灾保险费。约瑟夫横下心买下了全部股份，然后把投保手续费大大提高。他还付清了纽约大火赔偿金，信誉倍增，尽管增加了投保手续费，投保者还是纷至沓来。这次火中取栗般的投资不仅没有亏，反而使约瑟夫净赚 15 万美元。就是这些钱，奠定了摩根家族的基业。

机不可失，时不再来。有很多人明白这个道理，但现实中大多数人却是等到机会从身边溜走之后，才恍然大悟、如梦初醒。机遇对任何人都是公平的，关键要看我们是不是一个有心人。那些成大事的人不但是捕捉机遇、创造机遇的高手，而且惯于在风险中猎获机遇。

培养职场责任心

勇于负责是一种积极进取的精神。当一个人想要实现自己内心的梦想、下定决心改变自己的生活境况和人生境遇时，首先要改变的是自己的思想和认识。要学会从责任的角度入手，对自己所从事的事业保持一个清醒的认识，努力培养自己勇于负责的精神，因为这才是成功的最佳方法。

露丝是一家跨国公司办公室的打字员。有一天中午，同事们都出去吃饭了，只有她一个人还留在办公室里收拾东西。这时，一位董事经过她所在的部门时停了下来，想找一些信件。

这并不是露丝分内的工作。但是，她依然回答："尽管这些信件我一无所知，但是，我会尽快帮您找到它们，并将它们放在您的办公室里。"当她将董事所需要的东西放在他的办公桌上时，这位董事显得格外高兴。

4个星期后，在一次公司的管理会议上，有一个更高职位空缺。总裁征求这位董事的意见，此时，他想起了那位勇于负责的打字员——露丝。于是，他推荐了她，露丝的职位一下子升了两级。

主动要求承担更多的责任或自动承担责任，是我们成功的必备素质。事实上，员工责任的不同，直接决定着他们的工作绩效，也直接影响着他们在工作中的发展。

美国一家大公司总裁说："我最不欣赏那些遇事不主动承担责任的人，如果有谁说那不是我的错，那是别人的责任而恰好被我听到的话，我会毫不犹豫地开除他。"

其实，在工作中每个人难免有疏忽，但是如何面对出现的问题，就看你能否有勇气去承担责任了。

任何一个老板都清楚，一个能够勇于承担责任的员工，对于企业有着重要的意义。问题出现后，推诿责任或者找借口，都不能掩饰一个人责任感的匮乏。而任何一位员工都清楚地知道，老板不仅需要勇于承担责任的员工，而且更需要敢于担当大任的员工，尤其是关系着公司发展的一些艰巨的任务或项目时，他希望有人能主动站出来，独立承担这一重大责任和任务。

某商场要开设自己的千兆网站，建立千兆网，需要克服大量技术上的困难，而具体到网站的设置，又牵涉到大量的商业问题。

老板发了愁，到哪里找既懂计算机，又懂销售的人来负责呢？问了好几个人，但他们深知责任重大，自己又有许多不懂的知识，都推辞了。

商场的这项计划一直拖延下来。卡托是计算机专业毕业的，在商场里从事计算机联网的工作，对商业销售也不懂。他看到老板一筹莫展的样子便自告奋勇说："我试试吧。"老板抱着试试看的心理同意了。卡托接手之后，一边积极学习商业销售知识，向专门人员请教，一边着手解决技术问题。项目推进得虽然不快，可是却在稳步前进。老板对他的信任也在增加，不断放手给他更大的权力、更多的帮助。最后，他完成了任务，也升为了该网站的主管。

身在职场，不论是不是你的责任，只要关系到公司的利益，你就要毫不犹豫地加以维护。因为，如果一个员工想要得到提拔，任何一件事都是他的责任。

如果你想让老板相信你是个可造之才，最好、最快的方法，莫过于积极寻找并紧紧抓牢促进公司发展的机会，哪怕不关你的责任，你也要认真负责地去做。

老板心目中的优秀员工，应该是一个负责任的人。只有主动对自己的行为负责、对公司和老板负责、对客户负责的人，才是老板心目中最好的员工。

凡事积极主动去做、主动进取、勇于挑战的员工，老板才会从心底里欣赏他、认同他、接纳他。

千万别不懂装懂

作为一个推销人员，要避免在客户面前不懂装懂，如碰到回答不出的问题就谦虚地告诉客户：您的问题提得非常好，我把这个问题记下来请教我的主管，明天再来告诉您。这样的回答客户比较能接受，还会觉得你很有上进心、很谦虚，你就更有机会促成交易。

在这个高度复杂的信息时代，每个人所吸收的知识都不可能包罗万象。凡事都自以为是的人，必然得不到大家的尊敬。不懂装懂就是无知，不利于交际范围的扩展。这样的人在社会中恐怕永远也不会受到欢迎，不懂装懂和自作聪明的处世方式会毁掉一切刚刚起步的事业，使人们失去对你的兴趣和信任。生活中，不怕一知半解，不怕一无所知，只怕不懂却要装懂。事实上，不懂装懂本身就是一种无知的表现，它比无知更可怕。所以，对于你不熟悉或者不擅长的事情，要多加学习，努力提高自己。

推销员对其所推销的商品应有一个比较全面的了解，只有这样才能回答顾客提出的各种疑问，并解决顾客在商品使用中所出现的问题。但我们也必须承认，推销员不可能对所有的知识样样精通。如果遇到不甚了解的问题，绝不能用“大概”、“可能”、“也许”、“差不多”这样的话来搪塞顾客。或故弄玄虚、卖关子，应实事求是地向顾客解释，如果遇到的顾客是这方面的专家，应虚心向他们学习，以丰富自己的知识。

孔老夫子说过："人不知而不愠，不亦君子乎！"这句话要告诉我们的就是，每个人都有不懂的事情，在你不懂的事物面前要勇于承认，不要自作聪明。顾客提出的问题各式各样，即使具有丰富经验的销售人员也不一定能圆满解答顾客的所有疑问。一个合格的销售人员会通过不断地学习相关专业知识，提升自己的专业度，以便在任何时候都能够从容应对。对于新的营销人员来说，如果在顾客的提问上"卡了壳"，要诚恳地亮出自己的想法，不要胡乱回答。诚实的态度远胜于一个漏洞百出的机敏回答，更容易让你赢得顾客的"芳心"。如果因此遭到拒绝，也不要灰心丧气。要意识到，这正是你需要补充加强的。从某种程度上说，是顾客推动了你的成长。他们的问题不一定专业，但却可以促使你通过学习获得更多的知识、积累更多的经验。多见顾客是最好的学习方式！

作为销售人员，专业知识是我们敲开客户心门的有力武器。如果你还不是所售产品方面的专家，那么你就需要提前了解一些相关方面的知识。

销售人员对于他所推销的产品都应有必要的熟悉。当顾客向推销员询问时，如果对这个不知，对那个又不晓，就会丧失顾客的购买信心。相反，若能掌握较广博的知识，对商品的尺寸、分量、质量、包装等方面问题能作充满趣味的介绍，就能激发顾客的信心和购买欲。所以，销售人员首先对自己销售的产品知识要有一个确切的了解，在销售过程中，不可避免地要和目标客户谈到产品的各个方面，不但要对产品的价位了解，销售人员不只是谈判、报价，对于产品知识了解得越多越好、越熟练越好。

一个店员向一位女士介绍一件狐裘，这位女士说："只怕被雨淋了会走样。”店员解释说：“绝对不会，试想，你什么时候见过下雨天狐狸打伞呢？”于是生意成交了。这位店员用他的生物知识一下就解除了顾客的忧虑。

销售人员如果不懂产品，那么即便他有三头六臂，也是有劲使不上，因为他不知道怎么介绍产品，客户也不知道这个产品有什么优点、好处，更不会购买这个产品。这样下来，销售人员当然是业绩全无，只能黯然离场。成功的销售员都是他所在领域的专家，做好销售就一定要具备专业的知识，熟练掌握自己产品的知识。你的客户不会比你更相信你的产品，你的客户是靠你对自己产品的信心和你对产品的专业而被你说服的。道理很简单，产品是销售人员最重要的“销售道具”和销售要素。没有产品，销售人员无法开展任何形式的销售工作，当然更谈不上取得销售业绩。因此，销售人员必须学习产品知识、学会产品知识、掌握产品知识、懂得产品，才能给客户进行推介，才能逐步熟悉这个市场、这个领域，才能赢得客户的尊重和信任，才能取得销售业绩，获得回报。

提升自我价值，让别人不可代替

生物学家研究发现，在成群的蚂蚁中，大部分蚂蚁都很勤快，为寻找食物、搬运食物争先恐后，少数蚂蚁却东张西望地不干活。

为了研究这类懒蚂蚁如何在蚁群中生存，生物学家做了一个实验：他们把这些懒蚂蚁都做上标记，断绝蚂蚁的食物来源，并破坏了蚂蚁窝，然后观察结果。

这时，发生了令生物学家意想不到的情况，那些勤快的蚂蚁只会一筹莫展，而懒蚂蚁则“挺身而出”，带领伙伴向它早已侦察到的新食物源转移。接着，他们再把这些懒蚂蚁全部从蚁群里抓走，实验者马上发现，所有的蚂蚁都停止了工作，乱作一团。直到他们把那些懒蚂蚁放回去后，整个蚁群才恢复到繁忙有序的工作中去。

大多数蚂蚁都很勤奋、忙忙碌碌、任劳任怨，但它们紧张有序的劳作往往离不开那些不干活的懒蚂蚁。懒蚂蚁在蚁群中的地位是不可替代的，它们能看到事物的未来，能正确地把握当前的行动，使自己在蚁群中不可替代。

我们都知道，黄金在人类心目中具有崇高的地位，被视为财富的象征。在遥远的古代，人类曾使用贝壳充当货币，后来又用铜币、铁币取代它。近代以来，随着纸币的通行，铜币、铁币也逐渐隐退。到今天，纸币的作用又逐渐被所谓的“电子货币”削弱。但是，直到今天，黄金仍是世界各国公认的国际性货币。

那么，黄金到底有何独特之处，能博得人类如此的青睐呢？

常见的答案无非几种：质地坚硬、色泽诱人、世间稀有、稳定性高，等等。这些答案都对，但不全面。让我们看看著名经济学家凯恩斯给出的答案：

“黄金在我们的制度中具有重要作用，它作为最后的卫兵和紧急需要时的储备金，还没有任何其他的东西可以替代它。”

也就是说，黄金之所以地位崇高，是因为它不可替代。

人类社会何尝不是如此？在职场，能做个优秀员工已不容易，要让自己优秀到不可替代，这绝对是一种高度。要想达到这个高度，需要付出更多的汗水，拥有更多的智慧。俗话说“是金子总会发光”，具有“不可替代性”的员工，一定会迎来人生的辉煌。

要为“不可替代”找到充分的理由，你可以从以下角度考虑：如果你现在就宣布离职，在公司内部会产生怎样的连锁反应？比如：

在公司运行的某一个或某一系列环节上，是马上出现问题呢，还是一切如常？

上司或老板对你的离职会作何感想，是遗憾、沮丧甚至痛心疾首呢，还是根本就无所谓？

任何人取代你的职位后，是很快能胜任呢，还是会备感任务的艰巨？

为了让自己更深入地理解“不可替代”的含义，你不妨寻找现实中的一些实例。提到“不可替代”，你的脑海里会立即浮现哪些人的名字？把他们一一写下来，通过比较、分析，你就会更清楚地知道自己离“不可替代”到底有多远。

如果一个人在他所供职的公司中变得不可替代，就像蚁群的那些懒蚂蚁一样，那他的成功也就指日可待了。比如在公司里你能勤动脑，以战略的眼光去思考企业的发展，不断寻求企业新的增长点，不断开发新产品、开拓新市场，把握住企业的目标，努力让企业“做对的事”，那你一定会成为公司里的顶梁柱，那时还愁没有升职加薪的机会吗?

一位成功学家曾聘用一名年轻女孩当助手，替他拆阅、分类信件，支付给女孩的薪水与从事相关工作的人相同。有一天，这位成功学家口述了一句格言，要求她用打字机记录下来：“请记住，你唯一的限制就是你自己脑中所设立的那个限制。”

她将打好的文件交给老板，并且有所感悟地说：“您的格言令我大受启发，对我的人生很有价值。”

这件事并未引起成功学家的注意，但是在女孩的心目中却烙上了深刻的印象。从那天起，她开始在晚饭后回到办公室继续工作，不计报酬地干一些并非自己分内的事，譬如——替代老板给读者回信。

她认真研究成功学家的语言风格，以至于这些回信和老板一样好，有时甚至会更好。她一直坚持这样做，并不在乎老板是否注意到自己的努力。终于有一天，成功学家的秘书因故辞职，在挑选合格人选时，老板自然而然地想到了这个女孩。

在没有得到这个职位之前，女孩就已经身在其位了，这正是她获得这个职位的最重要原因。当下班的铃声响起之后，她依然待在自己的岗位上，在没有任何报酬承诺的情况下，依然刻苦训练，最终使自己有资格接受这个职位。

故事并没有结束。这位年轻女孩的能力如此优秀，引起了更多人的关注，其他公司纷纷提供更好的职位邀请她加盟。为了挽留她，成功学家多次提高她的薪水，薪水与她最初当一名普通速记员时相比已经高出了4倍。对此，做老板的也无可奈何，因为她不断提高自我价值，使自己变得不可替代了。

第十一章
社交中展示的技巧与真性情

要在社交中展示自己，就是要在大大小小的方面要求自己做到有分寸，再用智慧去吸引顾客的注意，不仅要在细节上多加注意，更要有全局观。

别让小小的“握手”毁了你

握手似乎人人都会，但在社交场合和导游接待中，握手是很有讲究的。我亲眼见过不少导游翻译人员不会握手，出过不少“洋相”。有的男导游，不待女外宾伸手，拿起人家的手就握，而且还一边握，一边晃动，弄得人家很不快。还有的青年导游接待重要客人时，不等人家伸手，自己先伸手。还有多人交叉握手、一脚门里一脚门外握手等，严格讲都不符合社交握手礼仪。

握手起源于古代武士常佩长剑，如遇上敌手，便右手挥剑自卫相斗。遇上友人，便伸出右手相握，表示友好和亲近。所以当今握手无论男女老幼，无论国内国外，一律用右手相握，来源于此。如果伸出左手握人家的手，便犯了大忌。

握手的其他讲究是：对长辈、学者、上级、重要游客，须等对方先伸手。初次遇到女士，经人介绍后，女士不主动出手与你相握，你不要主动伸手，点头示意即可。女士可以坐着和男士握手，男人同她们握手必须脱帽、摘手套，女士则可不必。男人握女士的手不可过重，只握手指部分便可，万万不可握着女士的手又用手指搔人家手心，此举被视为

“下流”。

握手时，一定要双目注视对方，微笑致意，不要看第三者与对面的人握手。特别是和女子握手，不可目光越过对方肩部而望另一个女子，这样被视为轻视对方。

年轻人握学者、上级的手时，可用双手相握，以示敬重。

艾丽是个热情而敏感的女士，目前在某著名房地产公司任副总裁。那一日，她接待了来访的建筑材料公司主管销售的韦经理。韦经理被秘书领进了艾丽的办公室，秘书对艾丽说：“艾总，这是××公司的韦经理。”

艾丽离开办公桌，面带笑容走向韦经理。韦经理先伸出手来，让艾丽握了握。艾丽客气地对他说：“很高兴你来为我们公司介绍这些产品。这样吧，让我看一看这些材料，我再和你联系。”韦经理在几分钟内就被艾丽送出了办公室。几天内，韦经理多次打电话，但得到的是秘书的回答：“艾总不在。”

到底是什么让艾丽这么反感一个只说了两句话的人呢？艾丽在一次讨论形象的课上提到这件事，余气未消：“首次见面，他留给我的印象不但是不懂基本的商业礼仪，他还没有绅士风度。作为一个公司的销售经理，居然不懂得基本的握手方式，他显然不是那种经过高度职业训练的人。而公司能够雇用这样素质的人做销售经理，可见公司管理人员的基本素质和层次也不会高。这种素质低下的人组成的管理阶层，怎么会严格遵守商业道德，提供优质、价格合理的建筑材料？我们这样大的房地产公司，怎么能够与这样的小公司合作？怎么会让他们为我们提供建材呢？”

握手是陌生人之间第一次的身体接触，只有几秒钟的时间。但正是这短短的几秒钟，它如此之关键，立刻决定了别人对你的喜欢程度。握手的方式、用力的轻重、手掌的湿度，等等，像哑剧一样无声地向对方描述你的性格、可信程度、心理状态。握手的质量表现了你对别人的态度是热情还是冷淡、积极还是消极，是尊重别人、诚恳相待，还是居高临下、屈尊地敷衍了事。一个积极的、有力度的正确的握手，表达了你友好的态度和可信度，也表现了你对别人的重视和尊重。一个无力的、漫不经心的、错误的握手方式，立刻传送出了不利于你的信息，让你无法用语言来弥补，它在对方的心里留下了对你非常不利的第一印象。有时也会像上面的那位销售经理，会失去极好的商业机会。因此，握手在商业社会里几乎意味着经济效益。

英国阿比银行的比尔谈到当初面试新助手阿莱休时说："当我们握手时，他那双厚实的手，紧紧地握住我的手，上下摇动，好像我们是多年的老朋友，再看一看他阳光般灿烂的笑容，我完全被他意大利式的热情所融化。虽然现在他不再是我的助手，但却是我的朋友。"

加拿大形象设计师凯伦认为："握手是一门如此有趣的艺术，它让我们在瞬间产生种种推测和判断，握手的信息是无言的，但它却是那么的丰富和微妙。握手是如此的感性，但它却在对方开口之前，让我们感受到他的内心活动。"确实如此！通常，性格热情的人会有力地握住你的手，上下摇动以表示他渴望与你相见。性格冷淡甚至内心冷酷的人伸出的则是冰冷、僵硬无力的手，像一条死鱼。

在全世界，最让人憎恨的握手方式就是这种"死鱼"式的握手。这种握手方式，让你感到对方伸出来的手像是抓着了一条死鱼，你的心中会立刻感到被拒绝、排斥，这是最没有礼貌、最破坏自己形象的握手方式。

一位导演在了解了握手的秘密之后说："我并不知道握手的背后有这么

多奥妙和内涵，我就是用典型的‘死鱼’握手方式。但是，这并不是由于我冷淡，而是我不知道如何正确地握手，尤其是与女人握手，我以为握手只是礼节上表示相识。”

握手可以说是目前最为常用的一种见面礼了。无论双方是第一次见面，还是已经熟识，一个得体的握手会使致意、祝贺、慰问、鼓励、感谢等深意尽在不言中。

懂得用餐礼仪让职场更顺畅

工作餐的用餐礼仪是：工作餐的进餐地点应由招待方选定，客随主便。但主人在作出具体的选择时有必要考虑一下客人的习惯与偏好，并给予适当的照顾。

作为主人，招待时要注意以下几件事情：

一是要负责通知客人，要尽量将时间、地点、人员、议题等详细告知，并征询客人的意见。

二是要负责餐厅订座，订座时将有关要求，如理想的位置、用餐的时间、到场人数、特殊要求、付费方式等同时告诉餐馆工作人员。

三是要负责迎候客人。主人必须先于客人抵达用餐地点，这是一种惯例，也是一种礼貌。

四是要负责餐费结算。按常规应当由招待者负责。一般不宜当着客人的面在餐桌上查看账单和算账掏钱。

自助餐用餐礼仪：

自助餐是目前国际上常见的一种非正式的西式宴会，在大型公务活动中尤为多见。

当我们参加自助餐时，需要遵循的礼仪规范有：

一是要排队取菜，讲究先来后到，不允许哄抢、插队。

二是要按顺序取菜，取菜时标准的顺序应是冷菜、汤、热菜、点心、甜品和水果。最好在取菜前先在全场转上一圈，了解一下情况后再去取菜。

三是要量力而行，不要“眼高手低”，导致食物的浪费。严格地说，享用自助餐时，多吃是允许的，而浪费食物则是绝对不允许的，所以享用自助餐时，可以多次取菜，但不要一次多取造成浪费，这就是所谓的“多次少取”原则。

四是要避免外带。自助餐有一条不成文的规定，只许就餐者在用餐现场自行享用，而绝对不允许在用餐完毕之后携带回家，否则会使自己见笑于人。

五是要送回餐具。自助餐强调自助，不但要求就餐者取用菜肴时以自助为主，还要求其善始善终，在用餐结束后，自觉地将餐具送至指定地点。

餐位排序的礼仪：

中餐的席位排列，关系到来宾的身份和主人给予对方的礼遇，所以是一项重要的内容。

中餐席位的排列，在不同情况下，有一定的差异，可以分为桌次排列和位次排列两方面。

1. 桌次排列

当两桌横排时，桌次是以右为尊，以左为卑。这里所说的右和左，是由面对正门的位置来确定的。当两桌竖排时，桌次讲究以远为上，以近为下。这里所讲的远近，是以距离正门的远近而言。

为了确保在宴请时赴宴者及时、准确地找到自己所在的桌次，可以在请柬上注明对方所在的桌次，在宴会厅入口悬挂宴会桌次排列示意图，安排引位员引导来宾按桌就座，或者在每张餐桌上摆放桌次牌。

2. 位次排列

主人应面对正门而坐，并在主桌就座。其他人应根据距离该桌主人的远近而定，以近为上，以远为下。

为了便于来宾准确无误地在自己的位次上就座，除招待人员和主人要及时加以引导指示外，应在每位来宾所属座次正前方的桌面上，事先放置醒目的个人姓名座位卡。

举行涉外宴请时，座位卡应以中、英文两种文字书写。我国的惯例是，中文在上，英文在下。必要时，座位卡的两面都书写用餐者的姓名。

必须要掌握的座次礼仪

在生活和工作中，你是否遇到过这样的尴尬和困惑：会场上，面对着大大小小的领导，不知道该如何安排他们的座位？酒桌前，看着满桌的菜肴，分不清自己究竟该坐在哪个地方？汽车里，上座到底是哪个位置？行进中，前后左右又该如何体现对客人的尊重？如此众多的问题使得人们往往迷失在座次的选择上。

其实从小到大，人与人之间的交往一天也没离开过顺序的排列，上学站队、考试排名、推杯换盏、你来我往，这其中既有明确的标准，又有约定俗成的礼数。

位次排列，有时亦称座次排列。民间的说法，从礼仪上讲则称之为位次排列。为什么叫位次排列呢？座次实际上是一种静态，坐那儿不动了，其实还有动态。你注意过没有，引导行进、出入电梯、上下楼梯、通过房门、起身落座，它有动的问题，也有个次序的问题。实际上，不仅日常工作中有座次问题，生活中也有。

比如干杯祝酒，干杯时怎么干？如果我是主人，要由我提议干杯，第一杯就跟我右手边这个人干，主人右侧一般是主宾，这是宴会礼仪的标准做法。

此外，第二杯酒怎么办呢？第二杯酒是这样走的：以顺时针走的方向进行，即该左边这位了，按照表针走的方向前进。国际惯例是：顺时针方向前进是常规的方向，意味着时光在前，我们大家都向前前进，与时俱进，发展了。逆时针方向，只有一种情况下人们才接受，就是运动员入场。那是古代奥林匹克的传统，礼出于俗。

轿车座次，大体上来讲，轿车上座有以下几种具体情况。

第一，社交应酬。举个例子，我是一位重要的客户，周末参加一个活动，主人亲自开车时，上座是副驾驶座。我作为贵宾坐在那里，叫平起平坐。不能坐到后面去，坐到后面等于宣布我在你之上，你成了给我干活的了，成我的司机了。但有一种情况下，必须坐到后面去，就是你要开车的话，你们家先生或者太太在车上，你俩平起平坐。那时，我要过来我就是“灯泡”。

第二，公务接待。比如你们公司接待客户，来的车一般是单位的车，开车的人属于专职司机。专职司机开车时，上座是司机后排的对角线处，为什么？首先，后排比前排安全。其次，专职司机开车时，副驾驶座叫随员座，那里坐办公室主任，坐公关人员，也就是坐陪客人的人。有人就会说，你为什么不坐司机后面呀？这跟交通规则有关，坐司机后面上下车不方便。

第三，VIP 的位置。那是贵宾坐的，高级官员、高级将领、重要的客商喜欢坐那儿，此座即司机身后的位置。它有两个好处。一是隐蔽性比较强。为什么呢？车辆万一遇到红灯，我坐在后排右座上，路边人看见我了；我坐在后排左座上，别人看不见。二是那个位置比较安全。

在公关活动中谈到座次的问题，除了要重视之外，尚有两个大的问题。

首先，座次排列有什么规则呢？

第一，内外有别。其具体含义是：座次排列适用于正式的公关活动中，是对外交往用的，是在正式场合用的，是对外不对内的，这点要注意。

第二，中外有别。实际上，座次排列，中国人和外国人的一些做法不大一样，国际惯例是以右为上，注意了没有？如果我是首长，我接待的外国客人是在我右侧的。我这里讲的是左和右，是当事人自己之间的左和右。这是定位标准的问题。

第三，外外有别。十里不同风，百里不同俗，不同国家、不同民族，其座次排列也有不同的讲究。像刚才讲的以右为上，属于国际惯例。惯例是通行的，但它的通行并不排除许多例外的存在。

第四，场合有别。不同场合讲究不一样，不同情况讲究不一样，这一点一定要注意，千万不要以不变应万变。举个例子，上楼或下楼时，通常是地位高的人走在前面，把前面的位置让给客人表示尊重，前排为止。但是让客人走在前面的前提，是客人认路，不认路不合适吧？再者，如果你是小姐，我是先生的话，我们要上楼梯，你穿着裙子的话，一般就该我在前面了。

座次排列的最重要的规则实际上是以下五句话，必须谨记。

第一句话，面门为上。即面对房间正门的位置是上座。

第二句话，居中为上。分中央、分两侧的话，中央的位置高于两侧。

第三句话，前排为上，并排走的话，中间高；单行走的话，前排高。因此前排为上。

第四句话，以右为上。分左分右的话，国际惯例是以右为上。公关礼仪采用国际惯例，所以也讲究以右为上。

第五句话，以远为上，在室内，以远离门为上。

在不同的场合，座次排列又有哪些技巧呢？

第一，行进中的位次。如果是行进，并排时，中央高于两侧，内侧高于外侧。如果单行行进的话，一般前方高于后方。上楼也好，下楼也好，走动之中只讲究这三种情况，内侧高于外侧，中央高于两侧，前方高于后方。当然有时候，有些具体情况你也得注意，比如，电梯出入有其讲究。如果电梯是由专人驾驶的，陪同人员要后进去，后出来。此点符合走动时前排为上的规则。无人驾驶的电梯，陪同人员则须先进去，后出来。为什么？先进去，后出来，就是为了按着“开关”按钮，招呼客人进出电梯。

第二，会客时的位次。就座，最常见的就是会客。会客的话，一般都是比较重要的场合，那时最好面对面地就座，这是谈正事儿，拉开距离。如果是非正式会客，非实质性交往就并排坐了。面对面就座的话，面门为上，背门为下。通常让客人坐在面对着房间正门的位置，主人坐在背对着房间正门的位置。非实质性的、礼节性的见面要并排坐，平起平坐，缩短距离，表示关系友善。并排就座时，一般讲究内侧高于外侧，右侧高于左侧。具体而言，面对房门时右高，如果不可能面对房门，坐房门两侧时，内侧比外侧高，这你要注意。有时候，宾主同坐一个长沙发的话，客人坐中间，陪同的人坐两边也行。

第三，谈判的位次。一般标准的谈判厅，谈判桌是横放的。谈判桌横放时，面对门的是客方，背门的是主方。双方人员，一般当中坐的是主谈，就是第一谈判手。主谈手右侧的人，一般是第二把手，其左侧是第三把手。但如果是涉外谈判或者国家间谈判，主谈右手一般是翻译。如果那个谈判桌是竖放的，进了门之后，桌子竖放着，这就比较特殊了。以面对房门进门时候的右侧为上。因为人是走动的，门一推开，把右侧让给客人，自己去左侧。其他人员的具体位次与前者相似，同样是：中央高于两侧，右侧高于左侧。

第四，签字仪式的位次。如果是签字仪式，签字桌在签字厅里横放，双方主签者面对房间正门就座，惯例为右高左低。面对房门的右侧坐的是客方，面对房门左侧的是主方，依旧以客为先。双方的助签人，就是帮助主签者翻文章、吸墨、拿笔的那个人，站在各自主签者的外侧。其他参加仪式的人有两个具体的排列办法，第一个办法，坐在各自签字者的对面。第二个办法，站在双方签字人的后侧。具体方式是内侧高于外侧，由高而低向两侧分列。

第五，宴会的位次。有时候，宴会放了很多张桌。有很多张桌的话，中央高于外侧，右侧高于左侧，内侧高于外侧，按照这个规则去操办就可以了。每张桌上怎么办呢？中国人一般用圆桌，圆桌的话，面对房间正门的位置是主位。主宾一般坐在主人的右手。其他人如何安排呢？最好的模式，就是客人都坐在主人的右侧，按照职位高低，离主人越远职位越低。而主方人员都坐在主人的左侧，同样依次以距主人远近为序、自高而低地依次排列。这是最省事儿的。其中最重要的是要把主人和主宾的位置搞对。这样就皆大欢喜。

商务礼仪最能吸引“顾客”目光

说到商务礼仪，有的人认为它是整个员工职业化培训课程中最容易理解的一门课程，但也有人认为，它是整个培训课程中最难以掌握的一门课程。之所以说它容易理解，是因为商务礼仪并没有什么高深的、难于理解的定理或者结论，它是在我们日常的商务活动当中，经过长期的积累及总结达成了共识的一种行为标准。为什么又说它难以掌握呢？这是因为商务礼仪贯穿在我们日常工作与生活的方方面面，养成良好的商务礼仪习惯，需要一个长期艰苦的过程，需要我们不懈地努力才能够取得成效。

在日常生活和工作中，我们经常会提到商务礼仪，那么，什么是商务礼仪？它的核心问题是什么？

商务礼仪是在商务活动中体现双方相互尊重的行为准则。商务礼仪的核心是一种行为的准则，用来约束我们日常商务活动的方方面面。商务礼仪的核心作用是为了体现人与人之间的相互尊重。这样我们学习商务礼仪就显得更为重要。我们可以用一种简单的方式来概括商务礼仪，它是商务活动中对人的仪容仪表和言谈举止的普遍要求。

礼节和礼仪，是商务谈判人员必须具备的基本素质。它是人们自重和尊重他人的生活规范，是对客户表示尊重的方式。同时，礼仪和礼节作为一种道德规范，也是人类文明的重要表现形式，它在一定程度上反映了一个国家、一个民族、一个地区或者一个人的文明、文化程度和社会风尚。

谈判者的举止主要是指谈判人员在坐、立、行等方面的姿态，以及和他人交往过程中的表现。举止适度得体，要求谈判人员的谈吐行为应该符合其身份地位和融入周围的环境。以下几点可供参考：

入座时应该尽量从椅子的左面落座，落座后不应频繁地挪动座位，入座后应该保持端坐的姿势，双脚自然伸出，在落座和坐姿方面，对女性谈判者的要求更高也更规范一些。

站立时，规范的要求是脚跟着地，胸要直，颈要挺，在注意站姿的同时，还要注意站位，应该注意双手的位置，以免不合时宜。

行走时，规范的要求是男士要挺胸抬头、直腰拔背、目光平视、上身稳健、步幅适中等；女士还要求仪态的优美，切记不要左顾右盼。

吃西餐时一定要遵从西方常规的用餐礼仪；不同的食物还应该配用不同种类的酒；咀嚼时尽量细嚼慢咽，避免发出过大的声音。

一个人的谈吐能够体现他的个人修养和素质。谈判者的谈吐包括谈判者的语言运用、谈话内容以及说话时的面部表情和手势等方面。

用词应该切题，尽量做到言简意赅，同时要注意与当时的场合和情景相匹配，语速平稳中速、音调适中，能够让对方注意力集中，成功地引领听者的思路。

交谈中，面部的表情是说话人内心活动的流露，能够对对方的情绪产生影响，交谈时保持适当的谈话距离，交谈中眼光的运用应该特别注意。

谈判中，手势的运用必不可少，它能够调节谈判气氛，表达说话人的情绪。谈判中手势的幅度不应过大，手势宽不可过肩，高不可过顶，长不可过中线。

谈判者的仪表服饰不仅能优化气质，而且能够反映出其教养和文化水平。因此谈判者的仪表形象、服饰颜色以及款式等对人的情绪能够产生一定影响。不同的社交礼仪场合对着装有不同要求，对颜色、样式及饰物甚至相应的发型等都有约定俗成的规范。在谈判的过程中，谈判人员要参与各种社交活动，应该注意选择与谈判环境、社交场合相适应，与自己的身份、地位以及年龄相符合的衣着服饰。

谈判过程中的日常交往有规范可循，但各人可以有自己待人接物的方式，总体而言应做到彬彬有礼、不落俗套，自信而又让人信赖即可。日常的礼貌是一个人总的文明程度的反映，通过谈判者的言谈举止、着装搭配等各个方面体现出来。所要注意的细节很多，这依赖于谈判者的日常积累和培养。例如，在公共场合不要旁若无人地大声喧哗，女士应该化淡妆，切记不要使用气味太浓郁的香水，等等。

社交距离让“顾客”对你产生美感

社交场合应该保持一定的距离，这是对他人的尊重。在国外，人与人之间交流时保持一定距离很平常，甚至有专家学者对这个距离进行过统计，“在美国，男士之间的适当交往距离是 18~20 英寸，男女间的交往距离还要再长 4 英寸左右。人际交往距离最短的是法国和拉丁美洲一些国家，大概在 13 英寸左右。”社交距离一般在 1 米到 3.5 米之间，其中 1 米到 2 米之间通常是人们在社会交往中处理私人事务的距离，如在银行取款时要输入密码等；而多人之间的商务会谈等，社交距离在 2 米到 3.5 米之间比较适合。

由此看来，与人保持“距离美”是非常必要的。当然，在和与自己有不同关系的职场人打交道时，之间的职场距离也有着不一样的微妙之处。

“列车即将进站，请乘客们站在黄色安全线内候车。”相信每天乘坐地铁上下班的职场人都很熟悉这句话。或许你也早已摸透了某条地铁线的特性，可以不假思索地说出哪节车厢相对较空、哪站下车的人数最多，等等。你对某条地铁线的熟悉程度就好比你和办公室某些同事的熟悉程度一样。但你是否知道，它们都具有一个共同之处，那就是各自都有一条不可逾越的黄色安全线。

办公室是个特殊的环境，大家往往既是同事关系又是朋友关系。但如果处理不当，把握不好一个“度”，很多看起来不起眼的“小事情”就会影响到人际关系，以致影响到正常的工作氛围和团队合作。

有这样一个故事：在冷风瑟瑟的冬日里，有两只困倦的刺猬想要相拥取暖休息。但无奈双方的身上都有刺，刺得双方无论怎么调整睡姿也睡不安稳。于是，它们就分开了，保持一定的距离，但又冷得受不了，于是又凑到了一起。几经反复地折腾，两只刺猬终于通过自己的努力找到了一个合适的距离，又能互相取暖，又不至于刺到对方，于是舒服地睡了。

“人说恋爱就像放风筝”，其实和客户之间的距离也像放风筝，拉得太紧会让客户感到密不透气地厌烦，放得太松又怕竞争对手会乘虚而入。一天打三通电话去问候客户的公司、问候客户的家人、问候客户的宠物都会让人觉得你不是在做生意而是在调查户口、打探人的隐私；而奉行“君子之交淡如水”的交往政策，又会让客户觉得自己的重要性不够。和客户保持安全距离的学问是非常深奥的。

与客户之间的距离看起来“这么近”，但实际上又“那么远”。既要保留有小小的私人空间，更要开辟出一块大大的工作区域，这着实是最需要恰到好处的安全距离。

滥用手机成为礼仪的最大威胁

无论是在社交场所还是工作场合，放肆地使用手机，已经成为礼仪的最大威胁之一，手机礼仪越来越受到关注。在国外，如澳大利亚电讯的各营业厅就采取了向顾客提供“手机礼节”宣传册的方式，宣传手机礼仪。

那么在使用手机的时候应该注意些什么，什么时候才能拨打对方的手机？

1. 在一切公共场合，手机在没有使用时，都要放在合乎礼仪的常规位置。不要在没使用的时候拿在手里或是别在上衣口袋外。放手机的常规位置有：一是随身携带的公文包里，这种位置最正规；二是上衣的内袋里；有时候，可以将手机暂放腰带上，也可以放在不起眼的地方，如手边、背后、手袋里，但不要放在桌子上，特别是不要对着对面正在聊天的客户。

2. 在会议中、和别人洽谈的时候，最好的方式还是把手机关掉，起码也要调到震动状态。这样既显示出对别人的尊重，又不会打断发话者的思路。而那种在会场上铃声不断，像是业务很忙，使大家的目光都转向你，则显示出你缺少修养。

手机在职场上起着举足轻重的作用，但有的人往往忽略手机的使用礼仪，这主要体现在手机不分场合地响起铃声以及在与人交谈中频频接打电话。此外，不恰当的铃声设置和彩铃也会令你失礼于人。公务员、公司管理人员等由于岗位性质的需要，应该以稳重的形象示人，因此在工作场合中，如果响起“爸爸，接电话”、“汪汪”这样的手机铃声不仅会显得很不严肃，而且与自身身份不符。同样，在工作期间，如果有人拨打手机联系公事时，却听到“我就不接电话呀，我就不接电话，别人的电话我都接，我就不接你电话”这样的搞笑彩铃也是会令人反感的。

外出随身携带手机的最佳位置是放入公文包里，最好不要放在衣服兜里，至少不要别在腰上或放在裤子后兜。女士则要注意，手机就算再好看和小巧，也别把它挂在脖子上。

由于手机话费相对较高，而且通信属于个人私事和个人秘密，因此联系不熟悉的人时可先拨打其办公室座机，有急事需拨打手机时则应注意讲话言简意赅。如果需要长时间通话，应主动询问对方是否需要拨打其座机电话。

3. 注重手机使用礼仪的人，不会在公共场合或座机电话接听中、开车中、飞机上、剧场里、图书馆和医院里接打手机，就是在公交车上大声地接打电话也是有失礼仪的。

4. 给对方打手机时，尤其当知道对方是身居要职的忙人时，首先想到的是，这个时间他（她）方便接听吗？并且要有对方不方便接听的准备。在给对方打手机时，注意从听筒里听到的回音来鉴别对方所处的环境。如果很静，应想到对方在会议上，有时大的会场能感到一种空阔的回声，当听到噪声时，应想到对方就很可能在室外，开车时的隆隆声也是可以听出来的。有了初步的鉴别，对能否顺利通话就有了准备。但不论在什么情况下，是否通话还是由对方来定为好，所以“现在通话方便吗？”通常是拨打手机的第一句问话。其实，在没有事先约定和不熟悉对方的前提下，我们很难知道对方什么时候方便接听电话。所以，在有其他联络方式时，还是尽量不打对方手机为好。

5. 公共场合特别是楼梯、电梯、路口、人行道等地方，不可以旁若无人地使用手机，应该把自己的声音尽可能地压低一下，而绝不能大声说话。

6. 在一些场合，比如在看电影时或在剧院打手机是极其不合适的，如果非得回话，或许采用静音的方式发送手机短信是比较适合的。

7. 在餐桌上，关掉手机或是把手机调到震动状态还是必要的。避免正吃到兴头上的时候，被一阵烦人的铃声打断。

8. 不要在别人能注视到你的时候查看短信。一边和别人说话，一边查看手机短信，是对别人的不尊重。

9. 在短信的内容选择和编辑上，应该和通话文明一样重视。因为通过你发的短信，意味着你赞同，至少不否认短信的内容，也同时反映了你的品位和水准。所以不要编辑或转发不健康的短信。

10. 当与朋友面对面聊天时，不要正对着朋友拨打手机，避免发射时高频的电流对他产生辐射，让对方心中不愉快。